廉政大智慧

历史上的清官廉吏

程继隆 著

人民东方出版传媒
People's Oriental Publishing & Media

东方出版社
The Oriental Press

图书在版编目（CIP）数据

廉政大智慧：历史上的清官廉吏 / 程继隆著.

北京：东方出版社，2025.3. -- ISBN 978-7-5207-3792-0

Ⅰ. D691.49

中国国家版本馆 CIP 数据核字第 2024EH3344 号

廉政大智慧：历史上的清官廉吏
（ LIANZHENG DAZHIHUI: LISHI SHANG DE QINGGUAN LIANLI ）

作　　者：程继隆

责任编辑：朱兆瑞

出　　版：东方出版社

发　　行：人民东方出版传媒有限公司

地　　址：北京市东城区朝阳门内大街 166 号

邮政编码：100010

印　　刷：北京汇林印务有限公司

版　　次：2025 年 3 月第 1 版

印　　次：2025 年 3 月第 1 次印刷

开　　本：710 毫米 ×1000 毫米　1/16

印　　张：14.75

字　　数：150 千字

书　　号：ISBN 978-7-5207-3792-0

定　　价：59.80 元

发行电话：（010）85924663 85924644 85924641

清官廉吏百姓福祉

往事越千年，尽管沧海桑田，但从古至今，人民对清官廉吏的颂扬从未停止过。因为清官廉吏是百姓的福祉，所以他们始终是时代的召唤、人民的期盼。

在中国几千年的封建社会中，民间把廉正的好官称为清官。中国是世界上最早建立官僚机构的国家。从司马迁的《史记》开始，就出现了对官员的类型化评价，把那些清廉节俭、执法公正、打击豪强污吏、恤民爱民的官员誉为"清官"。自《后汉书》直至《清史稿》，数千年来就这样沿袭下来，正史中一直有记述清官廉吏的固定体例。

而在民间则不然，特别是从元代以后，"清官""青天大老爷"的称谓和他们的传奇故事，开始在杂剧以及民间说唱艺术中广泛流传。

清官廉吏的标准是什么？不同的历史时期有不同的侧重点。司马迁的标准是：行教、清廉、守法。在崇尚法家思想的战国、秦及汉初，守法是最主要的清官廉吏标准。到了"独尊儒术"的汉武帝时期，推行教化又成为清官廉吏的标准。但因教化的成效很难考核，从三国末年开始，根据司马懿的思想，清、慎、勤成为正式的为官廉正标准，"清官"也就逐渐成为好官的代名词。至于今天，我们的党对领导干部的约束，也都离不开廉洁、勤政、为民这三条。

通古观今，所谓清官，大体要具备以下五条：一是不贪污、不受贿，生活艰苦朴素，不贪图享乐；二是做人有骨气，坚持原则，不随波逐流，不阿谀奉承，不怕豪强势力，不屈服于权贵；三是要勤于政务，敢于为民作主，一心为民谋利；四是奉公守法，执法如山，不徇私枉法，不草菅人命；五是为人要气度宽宏，严于律己，宽以待人。

我国历朝历代都不乏清官。这不仅在正史中有大量记载，而且在民间广为流传。如民间流传甚广的"侠义唱本""公案小说"，就是在各类史书"循吏传"等正史文献的基础上整理、加工、发展而来的，比如《狄公案》《彭公案》《包公案》《施公案》《刘公案》等公案小说。这些侠义唱本和公案小说，充分反映了人民群众对清官大智慧的敬仰和期待。

　　翻开本书古代十大清官清正廉洁、公正执法、勤政爱民的履历，他们的廉政大智慧无不受到百姓的崇敬与爱戴。然而，这些封建社会的清官，其实都是统治阶级的代表，都是为维护封建统治服务的。只是相比贪官而言，他们毕竟对人民有益，为人民做过一些好事，对社会历史起过一定的积极作用，所以为人民所称道。他们的廉政大智慧，对今天的党员干部尤其是年轻的党员干部，有一定的学习借鉴意义。

一

圣人无常心，以百姓心为心

——西门豹：治邺理漳民爱戴

西门豹（生卒年不详），复姓西门，名豹，是战国时期魏国人，故里在今山西省运城市盐湖区安邑街道办事处一带。魏文侯（前446—前396年在位）执政时，曾任邺地（今河南省安阳市区北18公里处）县令，是著名的政治家、军事家、水利家，在破除封建迷信与打击黑恶势力两方面身手不凡，为邺地百姓安居乐业作出了贡献，为巩固魏国的国防立下了赫赫战功。

邺地是魏都的重要门户，因此是兵家必争的战略要地。然而，由于天灾人祸不断，统治阶级不管老百姓的死活，横征暴敛，封建迷信盛行，黑恶势力疯狂，民不聊生。魏文侯特派西门豹担任邺县令。西门豹初到邺地时，看到这里人烟稀少，田地荒芜，百业萧条，一片冷清。于是，西门豹为弄清缘由进行了微服私访，经过调查得知，百姓的疾苦主要来自"河伯娶媳妇"。

魏国邺地屡遭水患。地方官吏与巫婆勾结，他们假借河伯娶媳妇榨取民财，百姓困苦不堪。找到症结的西门豹，巧妙地利用为"河伯娶媳妇"的机会，惩治了地方黑恶势力，遂颁布律令，禁止巫风，教育了广大百姓。原先出走的人家也纷纷回到了故园。同时，西门豹又亲自率人勘测水源，发动百姓在漳河周围开掘了十二条水渠，这些水利工程使大片农田成为旱涝保收的良田。

在发展农业生产的同时，西门豹还推动实行"寓兵于农、藏粮于民"的政策，很快就使邺地民富兵强，成为战国时期魏国的东北重镇。西门豹为官一生，诚信于民，清正廉明，造福百姓。西门豹死后，邺地百姓为了纪念他，专门为他在漳水边建造了祠堂，四季供奉。

战国时期，在从晋国三分而来的韩、赵、魏三国中，魏国发展得最快，原因是魏文侯魏斯最有抱负，他能礼贤下士，任用贤能，虚心听取臣子的意见和建议。因此，一时间，诸侯国中的一些有识之士纷纷来到魏国。他们中有李悝、魏成、田子芳、段干木、翟璜、西门豹、田文等。魏文侯拜李悝为相国。李悝是战国初期的大政治家，他根据当时社会的具体情况，给魏文侯提出了一整套改革方案，在魏国实行变法。

在经济上，李悝建议魏文侯减轻农民的负担，鼓励他们精耕细作，进行多种作物的兼种、套种，以增加粮食产量。同时实行"平籴法"：在丰年时，国家以平价收购粮食，储存起来；到了歉收年份，则以平价将粮食卖给农民，以保护农业劳动者的积极性，安定社会生活。

在政治上，李悝建议魏文侯废除维护贵族特权的世卿世禄制度，让对国家有贡献、有功劳、有才能的人得到提拔。李悝还健全了魏国的法制，汇集当时各国法律的优点，编成《法经》，在魏国颁布并执行。这样一来，魏国就很快富裕强大起来了。[①]

磨炼性格任县令

当时，魏国有个年轻人，名叫西门豹。他从小就聪明好学，什么事都一学就懂。可是，他性格刚烈、脾气急躁，因此，虽然官不算太大，却得罪了许多人。曾经有人善意地规劝他："就因为你这坏脾气啊，要不凭你的能力和本事早当上大官啦！"西门豹听后觉得有道理，于是，他暗暗地下决心，一定要把这坏脾气改掉。

怎么改呢？西门豹想了个自我克制的办法。为了使自己不随便发脾气，他找了一块非常柔软的皮子，把它挂在自己的腰间。一遇到让他急躁冒火的事情，他都要先摸摸这块柔软的皮子，警告自己千万不可发脾气，要沉住气，要像那块

[①] 《走近历史｜人物篇——李悝》，2022 年 11 月 1 日，见 http://www.dzs.gov.cn/col/15985 81980485/2022/11/01/1667293859839.html。

皮子一样柔软。还别说，这法子还真的很有效。久而久之，他变了，他的脾气秉性都变了，变得能够听进别人的意见了，变得能够冷静地观察事情了。他不像原来那样爱得罪人了，朋友也渐渐地多起来了！魏文侯魏斯本来就是个爱才的君主，得知西门豹的这一情况后决定重用他，就派他到邺地当县令。

这时的邺地正在闹水灾。老百姓说，村子里有个巫婆告诉大家："这水灾啊，是漳河里名叫河伯的河神发怒了，要想平息水灾，就必须给河伯献上钱财，还要献上美丽的姑娘给他做媳妇。"

西门豹在上任的路上就听到了这件事情，他根本就不相信有河神，但是，他到任后没有像以前那样乱发脾气，而是决定把情况调查清楚再说。由于老百姓都不知道他是新来的县令，所以就告诉了他真相：那巫婆与地方上的亭长、里正（相当于现在的乡镇干部）勾结在一起，骗百姓的钱财，根本就没人管水灾这事；百姓们又斗不过他们，人心惶惶，不少人都拖家带口地离开了这个地方，大片的土地就这样荒芜了。

微服私访查缘由

邺地与韩、赵两国交界，是魏国的东北边境重镇，漳水由西而来，经过邺地，向东流去，这里本应该是很富庶的地方。但是西门豹到邺地一看，只见田野荒芜，人烟稀少，村落萧条。

这究竟是为什么呢?

这次西门豹一点都不急躁，也没有大发脾气，而是凭着他的聪明才智，沉着冷静地将自己打扮成外地商人模样，到乡间去了解情况，问老百姓对什么事情最感到痛苦。老人们告诉他，最苦的就是每年给河伯娶媳妇了，为了这个事情，整个邺地都被折腾得很穷。

因为邺地挨着漳河，当地民间有个传说，河里住着河神，叫河伯。如果不给河伯娶媳妇，漳河就会发大水，淹死当地的百姓。所以长期以来，官府和巫婆们都很热心地操办这件事，并借此征收额外的捐税，以便他们中饱私囊。

西门豹皱着眉头说:"原来真有此事?"

这些人告诉西门豹:"千真万确! 人们都苦于给河伯娶媳妇，本地因此民穷财尽。"

一位白胡子老人说:"都是河伯娶媳妇给闹的。有人说河伯是漳河的神，每年都要娶一个年轻漂亮的姑娘，如果不给他送去，漳河就要发大水，把田地、村庄全淹了。"

西门豹问:"这话是谁说的?"

白胡子老人说:"巫婆说的。地方上的管事人每年借着给河伯娶媳妇，逼着百姓出钱办'喜事'。他们每年都要敛几百万圜钱^①，用二三十万办喜事，剩下的就跟巫婆分了，掖进自己的腰包。"

西门豹问："新娘子是哪儿来的？"

"每年到了一定时候，就有一个老巫婆出来巡查，见到模样长得漂亮一些的，就说'这家的闺女年轻，长得漂亮，应该给河伯做夫人'。"老人叹了口气说，"有钱的人家花点儿钱就过去了，没钱的人家就倒霉了。"

他们给被选上的女孩子家，象征性地下点儿聘礼，然后由官府出面，强行把女孩子带走。在河边建好供其闲居斋戒的房子，张挂起赤黄色和大红色的绸帐，这个女孩子就住在那里面。他们雇人给她洗澡洗头，给她做新的丝绸花衣，让她独自居住并沐浴斋戒，给她备办饭菜酒水。十多天后，河伯娶媳妇的日子到了，众人就把女孩子打扮一番，用一张席子制成一张床，叫她坐在上面，然后把席床抬进河里，顺水漂走。起初女孩子还浮在水面上，渐渐地席子跟人就沉到水底去了。巫婆们便举行仪式，表示河伯已经娶到了满意的媳妇。

老人说："河伯娶媳妇害死人啊！所以，有闺女的人家都跑到外地去了，这里的人口就越来越少，地方也越来

---

① 圜钱，也称圜金、环钱，是一种中国古代铜币，"方孔钱"的前身，主要流通于战国时的秦国和魏国。圆形，中央有一个圆孔，钱上铸有文字。据说由纺轮演变而来，也说由璧环演变而来。

越穷。"

西门豹不慌不忙地问："河伯娶了媳妇，漳河是不是就不发大水了？"

老人说："还是照样发。巫婆说幸亏每年给河伯送媳妇，要不漳河发水还得多。"

西门豹一口气访问了好多老乡，终于弄清楚了：原来这些年，漳河经常泛滥，冲毁庄稼，淹没村落。这里的巫婆便与地方豪绅、官吏勾结，借封建迷信活动趁火打劫，不仅加重了百姓的负担，还草菅人命。

听了这些话，西门豹怒火中烧，如果是放在前些年，他的暴脾气早就发作了。可是，这次他听后并没有说什么，老人们也没有对这位新来的县令抱多大的希望。

西门豹把一切情况都掌握得清清楚楚了。表面上他还装作若无其事地说："这么说，巫婆的话还是灵啊！下一回再给河伯娶媳妇，告诉我一声，我也去送送新娘。"

将计就计戳骗局

到了河伯娶媳妇那天，漳河边站满了人。三老四少、地方官员、有钱有势的人都会集在此，来看热闹的老百姓也有两三千人。那巫婆耀武扬威地登场了，看样子她已经有七十多岁了，背后还跟着十来个穿着妖艳的女徒弟。

这时，西门豹真的带着卫士来了，巫婆和地方上管事的人急忙迎接县令大人。

巫婆宣布送亲仪式开始，漳河边顿时热闹起来，香烛和祭品排列在河岸上。在鞭炮声和送亲的音乐声中，盛装的新娘被抬到河中的席床上。

西门豹不动声色地说："把新娘领来让我看看她长得俊不俊。"

不一会儿，巫婆把姑娘领来了。

西门豹一看那女孩子满脸泪水，回头对巫婆说："不行，这姑娘不漂亮，麻烦巫婆到河里对河伯说一声，另外选个漂亮的，过几天给他送去。"

说完，叫卫士抱起巫婆，把她投进了漳河。

等了一会儿，西门豹说："巫婆怎么还不回来？让她的徒弟去催一催。"

于是，卫士将她的一个女徒弟投进河里。

又等了一会儿，西门豹仍然不慌不忙地说："巫婆和她的徒弟怎么都不回来？再让她的徒弟去催一催。"卫士又将她另一个女徒弟投进河里。

西门豹说："好吧，再等一会儿看看。"河边站着的富人们、官府里的人和围观的人都惊呆了，面对河面静静地站着等了很久。再看西门豹，他帽子上插着簪，弯着腰，毕恭毕敬，一副虔诚的样子，像是专心等待巫婆和她的徒弟的回话。

又等了一会儿，西门豹转过头来说："这个河伯啊，太好客了，留住了这些使者不让回来，还是再派一个人去催催吧。看来女人办不了这事儿，得派个男人去了，那就麻烦地方上的管事去给河伯说说吧！"说着，又叫卫士把地方上管事的人扔进漳河。

这些地方上管事的人，一个个吓得面色如土，急忙跪地求饶，把头都磕破了，脸色像死灰一样。

过了一会儿，西门豹才说："起来吧！看样子是河伯把她们留下了。你们都起来吧！"

西门豹提高声音对在场的所有人说："河伯娶媳妇本是骗人的把戏，如果以后谁再操弄这件事，就先把谁扔到河里去见河伯。"

那些豪绅和小官吏听了，吓得一个个跪着、爬着向西门豹求情。他们终于承认这是与巫婆串通起来敲诈百姓的，根本不存在河伯要娶媳妇的事。这时，西门豹当众宣布将他们搜刮来的财产全部没收，分给当地的百姓。

刚正不阿被罢官

西门豹戳穿了地方官吏勾结巫婆假借河伯娶媳妇榨取民财、让百姓困苦不堪的恶行，惩治了地方黑恶势力，颁布律令，禁止巫风，教育了广大百姓。原先出走的人家陆续回来了，邺地呈现了林茂粮丰的景象。

西门豹作为邺地的县官，终日勤勉，为官清廉，疾恶如仇，刚正不阿，深得民心。不过，他对魏文侯的左右亲信却从不巴结讨好。这伙人怀恨在心，他们便勾结起来，说了西门豹的许多坏话。年底，西门豹向魏文侯作"述职报告"后，政绩突出的他本应受嘉奖，却被收去了官印，魏文侯罢了他的官。

西门豹心里明白自己被罢官的原因，便向魏文侯请求说："在过去的一年里，我缺乏做官的经验，现在我已经开窍了，请允许我再干一年，如治理不当，甘愿受死。"魏文侯答应了西门豹，又将官印给了他。

西门豹回到邺地后，开始疏于实事，而去极力巴结魏文侯的左右亲信。又一年过去了，他照例去述职，虽然政绩比上年大为下降，可魏文侯却对他称赞有加，奖赏丰厚。这时，西门豹严肃地对魏文侯说："去年我为官有政绩，您却收缴了我的官印。如今我因为亲近您的左右亲信，您就对我大加礼遇，可实际功劳大不如去年。这种赏罚不明的官，我不想再做下去了。"说完，西门豹把官印交给了魏文侯，便扬长而去。魏文侯顿时醒悟过来，连忙对西门豹表示歉意："过去我对你不了解，有偏见。今天我对你加深了认识，希望你继续做官，为国效力。"

从此以后，西门豹可以甩开膀子治理邺地啦！

巧修引漳十二渠

西门豹在邺地任职多年，为了改变当地十年九旱的面貌，他率领当地老百姓修建了引漳十二渠，又称西门渠，它是古代劳动人民创造的一项伟大工程。《史记·滑稽列传》记载："西门豹即发民凿十二渠，引河水灌民田。"引漳十二渠是战国初期以漳河水为源的大型引水灌溉渠系，灌区在漳河以南（今河南省安阳市北）。

西门豹的建造方法是"磴流十二，同源异口"。"磴"就是高度不同的阶梯。在漳河不同高度的河段上筑十二道拦水坝，就是"磴流十二"。每一道拦水坝都向外引出一条渠，所以说是"同源异口"。据记载，每两个磴相距三百步，这些磴连续分布在二十里的河段上。根据地形考察，这二十里河段应当是今安阳县安丰乡渔洋村以下的二十里河段，渠口开在拦水坝的南端。这十二条渠都在今安丰乡境内，多少年来一直发挥着引水灌溉的作用。

西门豹当年征发老百姓开挖的十二条渠道，利用漳河水使沿渠田地都得到灌溉，改变了当地民穷财尽的落后局面。可是在当时，老百姓担心修渠太过劳累而怨声四起，不大愿意参加修渠。于是西门豹对身边的吏卒说："百姓乐于看到水到渠成时的成功，却不愿意忍受艰难的修渠过程。现在父老子弟虽然怨恨我给他们带来的辛苦和劳累，但百年以后受益的子孙会感念我现在的决定。"直到现在，当地人民都能享受到用水的便利，老百姓因此而家给户足、生活富裕。

引漳十二渠使漳河南岸大片土地成为旱涝保收的良田。这个建于战国前期的水利工程，比李冰所筑的都江堰还早160多年，是我国历史上最早见诸文字记载的大型引水渠系统工程。

西门豹在邺县破除迷信和兴修水利工程两件事，宣扬了无神论的思想，可见其政治远见、与腐朽势力做斗争的智谋和兴建民生工程的历史功绩。所以，西门豹做邺地县令，虽然官职不大，却闻名天下，世代相传。

人民爱戴永传颂

引漳十二渠在发生洪涝灾害时可以分泄漳河洪水，干旱时可以用来灌田十万亩。漳河水含有大量的细颗粒泥沙，有机质肥料丰富，引水灌田不仅可以补充作物水分，而且能够落淤肥田，让邺地贫瘠的田野变成一片沃土，每亩粮食产量较修渠前提高了八成以上。水利资源的开发加速了农业生产和经济的发展，对魏国向太行山以东发展起到了重要作用。同时，西门豹还实行了"寓兵于农、藏粮于民"的政策，魏国随之富强起来，邺地成为战国时期魏国的东北重镇。

可是，西门豹这样一位对魏国有巨大贡献的人物，却遭到国君的杀害。原因是他在兴建十二渠时，征用了大量的民工，加重了百姓的负担，引起了一些怨言。当地的乡官豪绅乘机大进谗言，千方百计陷害他。魏文侯轻信谗言，西门豹用事实说服了他，免了丧命之罪。但当魏文侯的儿子武侯继位后，西门豹却被其残忍地下令处死，含冤去世。

西门豹虽然被杀害了，但他的故事千百年来仍为人们津津乐道。西门豹死后，邺地百姓在他治水的地方兴建了西门豹大夫庙和投巫池。太史公司马迁曾对西门豹有高度评价，他在《史记》中说："故西门豹为邺令，名闻天下，泽流后世，无绝已时，几可谓非贤大夫哉！"宋、明、清三朝官府还为他立了碑碣。后来也有人曾作诗颂扬西门豹：

河伯何曾见娶妻？
愚民无识被巫欺。
一从贤令除疑网，
女子安眠不受亏。

西门豹因为治理漳河有功，很受人民爱戴敬仰，所以古代当地有多处祠庙，有文字记载的至少有两处，在现在漳河北岸河北境内也发现了有关西门豹祠的文物。

现存的西门豹祠，又称大夫祠。明朝《河南总志》记载：该祠建于北齐天宝年间，但是后来考证，大概建于东汉年间，只是在北齐年间又进行过修葺。该祠于 1924 年毁于战火，现仅存一些疑似竖立于宋、明、清和民国时的石碑。虽然大部分石碑上字迹漫漶，难以辨认了，但是西门豹以民为本、有勇有谋、为民除害、敢作敢为的精神万古流芳。[①]

廉政智慧

圣人无常心，以百姓心为心。

廉政教育

广大纪检监察干部要做到忠诚坚定、担当尽责、遵纪守法、清正廉洁，确保党和人民赋予的权力不被滥用、惩恶扬善的利剑永不蒙尘。

——习近平：《重整行装再出发，以永远在路上的执着把全面从严治党引向深入》（2018 年 1 月 11 日）

[①]　本章内容参考《史记·滑稽列传·西门豹治邺》。

廉政点评

惩恶扬善邺地百姓得安宁

西门豹是个言而有信、讲究策略、为民除害、智慧过人、相信科学的人。他眼睛向下，深入基层，访贫问苦，掌握了有关邺地的第一手材料。初到邺地，但见满目萧条冷清、了无生机，西门豹不动声色，走入群众之中，向老百姓了解最让他们痛苦的事情。原来是地方官员与三老、巫婆勾结，借着为河伯娶媳妇之事，巧立名目，巧取豪夺，为非作歹，鱼肉乡里，搞得民不聊生。找到了问题的症结所在后，西门豹有的放矢，有针对性地开展工作，定点打击地方恶势力，遏制了不法官吏。他有明确的指导思想，就是兴利除害、利国利民。因此，他能借着涤除河伯娶媳妇之害的有利形势，率领邺地人民一鼓作气，开凿了十二道水渠，灌溉农田，发展生产，很快带来了物阜民丰的大好局面。西门豹惩恶扬善，让贪官污吏闻风丧胆，让百姓欢欣鼓舞。从此后，西门豹眼前一片光明，邺地人有了奔头……

自古廉能之官都难免会遭人妒忌、受人非议。如何应对，西门豹为今天的党员、干部提供了范例，实实在在的政绩是最好的回答。西门豹治邺之要在于，一诺千金，以诚为官，取信于民，做到一呼百应，战则能胜，惩恶扬善。因此，今天的党员、干部仍然要讲信誉，不能朝令夕改。民心向背来自党员、干部能不能切实遵守国家的法律和执行党的政策。国家的法律、党的政策就是信誉，党员、干部的作为则是能否取信于民的关键。

西门豹是一位为民除害、敢作敢为、惩恶扬善的地方父母官，他将以民为本、以诚为官、取信于民作为自己一生为官的准则。西门豹来到邺县，经过管理和整治而取信于民。在魏文侯检验成果时，他向其展现了自己的管理能力，同时还取得了魏文侯未曾期待的成果。今天的党员、干部要像西门豹那样，以百姓心为心，与人民同呼吸、共命运、心连心，这是中国共产党人的初心，更是对党员、干部勤勉从政的基本要求。古代官吏能做到，新时代的党员、干部也一定能做到。

西门豹的廉政大智慧表明，党员、干部为政清廉才能取信于民，秉公用权才能赢得人心，惩恶扬善才能打开局面。坚守为民初心、让百姓幸福就是党的事业，党员、干部要牢固树立以人民为中心的理念，坚持为人民服务，始终保持与群众的血肉联系，始终把人民群众的利益摆在首位，聚焦群众急、难、愁、盼问题，认真听取群众的心声，紧紧依靠人民，为民办好事，办实事。新时代是担当者、奋斗者的时代。善担当、勇作为，是党和人民对新时代党员、干部的基本要求与热切期盼。党员、干部要像西门豹那样矢志不渝，认真遵守国家的法律，执行党的政策，为党争光、为民造福。

坚守初心，尽力为群众谋幸福。"樵夫"廖俊波，上山寻路、扎实工作，用辛劳的日日夜夜换来群众的幸福笑脸；黄大发三十六年为梦想跋涉，带领群众绝壁凿渠换来群众的幸福生活。新时代党员、干部应顺应时代召唤，不忘初心，将自己投身建设大潮中。"不忘初心，方得始终"，中国共产党的初心和使命，就是"为人民谋幸福，为民族谋复兴"。保证人民幸福，既是党实现国家富强和民族振兴的基本要求，又是实现中华民族伟大复兴中国梦的关键内容。人民幸福，即人民平安、健康、生活美好，是中国共产党不断推进群众工作的追求。新时代党的群众工作，要求解决每一户、每一个人的基本生活问题，尽最大努力达成群众对幸福生活的憧憬和要求。

二

临阵勇，临财廉，
临事勤，临民仁

——赵广汉：能勤廉名满长安

　　赵广汉（？—前65），字子都，西汉涿郡蠡吾（今河北省博野县西南）人。曾任颍川郡（今河南省禹州市）太守、京兆尹。在颍川郡任太守期间，是赵广汉前期地方官生涯的高光时刻。他不畏强权，精明强干，刚到任几个月时间就做了两件大事：一是打击豪门大族的势力，缓和社会矛盾；二是加强地方管理，转变当地的不良风气。赵广汉的威名由此流传，以至有人把擅长处理政务视为他的天性。赵广汉在担任京兆尹时，表现出高度的责任心，处理各项公务时往往通宵达旦，并且善于思考，讲究办事效率。在其治理期间，京兆官场廉洁清明，威治豪强，官属和百姓无不交口称赞。

　　在中国古代的廉政反贪史上，汉宣帝时的京兆尹赵广汉是一个传奇式的人物。他的廉洁令其属下和长安百姓称颂不已，而其威名让贪官和盗贼豪强闻风丧胆。他的智慧与手段，被史学家班固赞为"发奸擿（音 tī）伏如神"。他堪称西汉时期的"打黑能人"。京兆尹的职责在于管理京城，因为在天子脚下工作，所以日常处理政务容易得罪皇亲国戚和当朝显贵。因此，赵广汉这位京城行政官员中的佼佼者，仍旧难免被腰斩的凄惨下场。

《汉书》记载："广汉为人强力，天性慧于吏职。"《资治通鉴》说他："京兆政清，吏民称不容口。"赵广汉足智多谋，曾受储钱罐的启发，令窑工烧制出形状如瓶的器皿，有小口投放简牍，可入而不可出，挂在官衙门侧，受吏民投书。他清廉为官，执法不避权贵，查霍禹，杀杜建，但在"人情关"上"犯错"，最终被腰斩。另外，赵广汉由于对付豪强的手段过于残酷，其行事风格颇类法家，因而遭到了许多正统儒家知识分子的批评。

代理京兆尹，诛老资格官员

年轻的赵广汉，在做郡吏、州从事等类小官时，就以廉洁和礼贤下士出名，以才识敏捷和谦虚待人著称。后来通过举秀才，他又担任了京城长安负责物价调控的平准令，在任期间以称职廉洁、克己奉公、聪明机敏和做事果断而闻名。后调任阳翟（颍川郡治所）县令，赵广汉因政绩优异而擢升为京辅都尉，不久后又升任守（代理）京兆尹。

任京兆府掾（音 yuàn）史（官名，古代官府属吏的通称）的杜建是一位老资格的中层官员，曾在几任京兆尹手下当差，是个手眼通天的角色，依仗根基深、套路熟、人脉广、黑道白道路路通，一向为人霸道，飞扬跋扈，为所欲为。在赵广汉到任之前，杜建受命监造平陵（汉昭帝刘弗陵之墓）。建造平陵，工程浩大，所用钱物难以计数。杜建认准这是个千载难逢的发财良机，便利用职务之便指使其门客采用种种手段徇私舞弊，从中牟取私利。杜建等人成为肆无忌惮地疯狂侵吞平陵工程钱财的一群硕鼠。凭借庞大保护伞的庇护，"硕鼠们"胆子越来越大。

赵广汉上任后，有人劝杜建说："新来的京兆尹可不是个好惹的主儿，你趁早收手吧！"杜建闻之，用鼻子"哼"了一声，不屑一顾。对于杜建的所作所为，赵广汉上任没有几天就摸了个一清二楚。他警告杜建务须悬崖勒马，否则将严惩不贷。一贯牛气冲天的杜建，哪里会把头上顶着"代"字的京兆尹赵广汉放在眼里，依然我行我素。

素来横行无忌的杜建做梦也没想到，这一回真的遇到了克星。赵广汉以迅雷不及掩耳之势将杜建及其门客一网打尽，悉数捉拿归案。这一下捅了马蜂窝。京兆府随之门庭若市，说客盈门，上到高官显贵、宫中宦官，下到地方官员、富甲豪绅，轮番上阵为杜建说情。有的甚至威胁利诱道："你那个'代'字还悬在头上，难道不想早一天去掉吗？"赵广汉一笑置之，不为所动。

杜建的宗族朋党见无法说动赵广汉，软的不行，便玩起了硬的——图谋劫狱救出杜建。赵广汉对他们的行动计划早有察觉，便派出一名手下官吏去警告阴谋劫狱的主谋者："如果继续执迷不悟，助纣为虐，将依法将你们灭门！"

面对杜建党羽的软硬兼施，头顶"代"字的京兆尹赵广汉毫不手软。他迅速查明案情，公布于众，命令将杜建押赴刑场，斩首弃市。杜建的宗族朋党没有一个敢靠近刑场，京城百姓无不拍手称快。

弃市是古代的一种刑罚，就是将罪犯斩首后的残尸置于闹市示众。此举的震慑力不言而喻，达到了"峻刑立威"的效果。公元前74年，汉昭帝驾崩，大将军霍光等大臣拥立汉武帝18岁的曾孙刘询为帝。时为京兆尹的赵广汉，因推立汉宣帝刘询有功得到封赏，成为当时被赐爵"关内侯"的八人之一。

发明举报箱，奇招治理颍川

尽管赵广汉在代理京兆尹任上政绩卓著，深得京城长安百姓爱戴，但由于京兆尹乃天子脚下的"土地爷"，日常处理政务稍不留意就会得罪皇亲国戚和当朝显贵。再加上赵广汉从头到脚没有一根媚骨，一身正气，敢作敢为，大刀阔斧，不但那个"代"字没能如愿去掉，连京兆尹这把交椅也坐不下去了。

元平元年（前74年），赵广汉调任颍川郡太守。他一到颍川便着手调查研究，发现不少豪强宗族势力异常庞大，官员与地方豪富结为朋党，社会乌烟瘴气，一片混乱。当地豪门大族通过联姻勾结在一起，又上联政府官员结为朋党，下与山林群盗暗中勾搭，盘根错节，势力庞大，既相互勾结、相互利用，又相互对抗、相互倾轧。他们大都广养门客，横行乡里，胡作非为，鱼肉百姓，尤以原氏、褚氏两大家族为最。这些豪门大族早在汉武帝时即已出现，他们通过大量兼并土地使家族势力日益庞大，其横行不法使得颍川境内祸乱迭起，后患无穷。

面对颍川郡的混乱局面，前任太守无能为力。赵广汉走马上任，通过明察暗访初步查明为首几个大家族的罪恶行径，他在此基础上来了个"新官上任三把火"。

第一把火：敲山震虎，立诛两大家族首犯。自古擒贼先擒王。赵广汉首先紧紧盯住原氏、褚氏两大家族，广泛发动民众揭露其罪恶行径，迅速将涉案罪犯全部缉拿归案，并将首犯就地正法。首犯人头落地，举郡为之震悚。

第二把火：发明举报箱，摸清各派势力勾结脉络。面对复杂混乱的局面，赵广汉深知，只有将各个豪门大族相互勾结的脉络梳理清楚，才可能顺藤摸瓜、对症下药。他受储钱罐的启发，模拟储钱罐的外形发明了举报箱。举报箱的发明和广泛设置，有效规避了民众怕遭受打击报复而不敢举报的心理。官府在短时间内接收到民众的大量检举信件，各派势力所犯下的罪行及其相互勾结的脉络渐渐清晰起来。

第三把火："以毒攻毒"，瓦解豪门大族间的联盟。在掌握各豪门大族犯罪事实的基础上，赵广汉又出奇招：制造内讧，"以毒攻毒"——在惩治甲豪绅犯罪的过程中，佯装失言，故意露出口风是乙豪绅检举揭发的。这样，各豪门大族间内讧频发，相互猜忌，相互攻击，他们之间的联盟也就不攻自破。《汉书》有载："其后强宗大族家家结为仇雠，奸党散落，风俗大改。"作为太守的赵广汉可以优哉游哉，乐观其成，坐收其利，只是在必要的时候才偶尔出手，达到四两拨千斤的效果。

"三把火"一烧，不到一年，颍川郡大治，赵广汉威名远扬。在果断和严厉办案的同时，赵广汉也很注意谋略。他的这些做法在《汉书》上有记载："又教吏为缿筒，及得投书……吏民相告讦，汉得以为耳目。"为了有效地遏制豪强，为民除害，赵广汉令手下人制成瓦质的"缿筒"，奖赏检举者。"缿"筒，形状如瓶，有小孔，口很小，投放简牍，可入而不可出，谓之"受吏民投书"。这种"缿筒"可以说是中国最早的举报箱。有了这种举报箱，官吏、民众相互揭发，赵广汉则扩大了视听，根据得到的线索及时组织力量进行查处，极大地稳定了社会治安。

面对颍川的豪强既与官府勾结，又互相联姻结成帮派的严峻现实，赵广汉巧用离间之法，分化瓦解豪强权贵，收到了良好的效果。赵广汉还奖励一些可利用之人，让他们接受自己的指令，举报不法行为，在收到举报信以后，一经核实，便依法治罪。从此，强宗大族的内部果然出现了分裂，并逐渐成为冤家对头。而赵广汉则一个个地击破，使社会风气大为好转。

赵广汉实施了各种强有力的监管措施，这让一些不法分子不敢再顶风作案，因为一旦作案，赵广汉很快就能把他们抓获。这得益于赵广汉善于运用"钩距法"寻找线索、搜集信息。

据《汉书·赵广汉传》记载，所谓"钩距"就是旁敲侧击，辗转推问。比如，要探知一匹马的价格，就先打听狗的价格，再问羊和牛的价格，最后去问马价。将前几个价格互相参照对比，以用途大小为标准，就可知道马的价格是否合理（成语"问牛知马"就源于此）。运用这种方法，赵广汉对不轨之人的来历、根基及巢穴都有了清楚了解，对官吏收取、贪污的不义之财的来历和数量也都了如指掌。

再任京兆尹，能吏无人可比

在赵广汉任颍川郡太守期间，京城长安却因为他的离去而变得鸡犬不宁。本始三年（前71年），即赵广汉担任颍川太守的第二年，汉宣帝令赵广汉带兵去前线。战事顺利结束后，汉宣帝不得不从颍川调回赵广汉，让其继续担任代理京兆尹，一年之后，正式诏命他为京兆尹。

"广汉为人强力，天性精于吏职。见吏民，或夜不寝至旦。……郡中盗贼，闾里轻侠，其根株窟穴所在，及吏受取请求铢两之奸，皆知之。"赵广汉为人特别强势，天生是块做官的上等好料。他是个工作狂，会见官员百姓，每每通宵达旦，仍然精神抖擞、思维活跃，又特别善于调查研究。郡里盘踞的盗贼，蛰伏街巷的侠客，他们的背景及藏身之所，官匪勾结内幕，以及官员如何收受贿赂、如何为他们说情、如何提供庇护，赵广汉对诸如此类的情况都一清二楚。京城的达官贵人和普通百姓都了解赵广汉的性格特点与行事风格，因此收敛了很多。赵广汉三下五除二，很快便使长安又恢复了平静。

《汉书·赵广汉传》选录了三个故事，颇能反映赵广汉非凡的行政能力和传奇色彩。

第一个是"神兵天降"捉绑匪的故事。长安城里几个游手好闲的年轻人时常狼狈为奸，做些鸡鸣狗盗的勾当。某日，他们又聚集在一起，藏身于偏僻处一栋空房子里，密谋劫持一个人质，捞点钱花花。正当他们你一言、我一语谋议如何行动时，赵广汉派出的捕吏神兵天将般骤然而至，将他们一网打尽，悉数捉拿归案。过堂之时，赵广汉晓之以理，明之以法，罪犯们没有一个不心服口服。

第二个是赵广汉解救苏回的故事。郎官苏回，家财万贯，被两个歹徒绑了"肉票"。绑匪前脚进屋，赵广汉便带着属下一帮人后脚尾随而至。赵广汉站在庭院里，命长安丞龚奢敲门喊话："京兆尹赵君致意二位好汉，人质是皇上身边的宿卫之臣，请你们千万不要杀害他。奉劝你们悬崖勒马，立即释放人质，尚可落得从轻发落，如果有幸遇到大赦，你们还可以获得赦免。请二位三思！"

两名歹徒闻之大惊失色。他们久闻赵广汉大名，没想到今天被瓮中捉鳖来得如此之快，慌忙打开房门，匍匐于地，顿首谢罪。赵广汉也跪谢道："幸而郎官安然无恙，这就好。"遂吩咐将两个劫匪逮捕入狱，叮嘱狱吏厚待他们，每天供给酒食。

按律令规定，两名罪犯被判死刑。到了冬天行刑的日子，赵广汉预先为他们购置了棺材以及殡殓的葬具，告诉他们是上路的时候了。两名罪犯哽咽垂泪说："死无所恨！"

第三个是界上亭长问候京兆尹的故事。赵广汉发文招来湖县（今河南省灵宝市西北）都亭长在长安会面。都亭长西入函谷关，行至界上，借宿一夜，继续西行。临别，界上的亭长跟他开玩笑说："老兄，到了长安京兆府，请代我向赵君问好。"

都亭长来到长安，与赵广汉叙谈公事，却把界上亭长托他带话的事情给忘了。事情办完后，赵广汉在送别时三次问都亭长："还有什么事吗？"都亭长都回答说："没事了。"过了一会儿，赵广汉突然问道："界上亭长托你问候我，你怎么老闷在肚子里不肯说啊？"都亭长闻之，心里一惊，赶忙叩头谢罪，口中连称确有其事，怪自己一时忘勿。赵广汉笑着扶起都亭长："还为吾谢界上亭长，勉思职事，有以自效，京兆不忘卿厚意。"

赵广汉坐镇京兆府，廉洁奉公，强力压制豪强，最大限度地保护下层百姓利益，京都长安政治清明，社会井然有序，官吏百姓交口称赞。年纪大一些的百姓都赞叹说，自汉朝以来，京城长安从来没有像现在这样太平安宁，所有主政京兆的官员没有一个能比得上赵广汉。

西汉时的京兆尹主要负责京城的治安，而长安城居住着皇亲国戚、达官贵人，加之宾客恶少横行市井，盗贼奸人藏匿民间，社会治安最难治理。又因处于官场矛盾的旋涡中，此职难以久任，在赵广汉前后做京兆尹的，如黄霸、张敞、韩延寿、陈遂等人，短则数月，长也不过两三年，或遭罢免，或改任他职，唯有赵广汉连任六年，在职最久，成效最优。长安城的吏民对其赞不绝口。赵广汉廉政肃贪的事迹也充满了传奇色彩。

有权任性，违法获罪遭腰斩

虽然赵广汉任职期间恪尽职守、清正廉明，打击豪强绝不手软，但天子脚下的京官是不好做的。自然赵广汉也因为惩腐治恶而为贪官污吏、地主豪绅所怨恨，他在京城第一个得罪的是霍光①家族。

赵广汉早年曾追随霍光。霍光为三朝元老，位高权重，连汉宣帝都非常顾忌霍光。就在霍光死后不久，赵广汉查到霍家有非法酿酒、非法屠宰的嫌疑，便亲自带人前往霍光的儿子——霍禹（受封为博陵侯）的宅第进行搜查，属下砸烂了霍家酿酒的器具，还用刀斧砍坏了门窗。霍光的女儿是当朝皇后，她向宣帝哭诉赵广汉的"罪行"。宣帝顾及皇后的面子，就把赵广汉叫来责备了一通。赵广汉由此得罪了皇亲国戚。

赵广汉一生为官正直，不避权贵，疾恶如仇，铁腕理政，廉洁奉公，深受百姓爱戴。在任京兆尹后期，倚仗权势，横行不法，最终被朝廷处以腰斩，给后世的人们留下了千古喟叹。

盛名之下的赵广汉渐渐变得飘飘然。他喜欢任用那些趾高气扬的官宦子弟，那些敢闯敢干、横冲直撞的热血青年，利用他们无所畏惧、锋芒毕露的特点，办案追赃风风火火、无所顾忌。这样做，在快节奏、高效率履职理政的同时，也为赵广汉惹来了越来越多的麻烦。

赵广汉的门客私自在长安市集上卖酒牟利，丞相的属吏

---

① 霍光（？—前68），字子孟，河东郡平阳县（今山西省临汾市）人。西汉时期权臣、政治家，大司马霍去病同父异母之弟、汉昭帝上官皇后的外祖父。

将其驱离。门客怀疑是骑士苏贤告发了此事，赵广汉便派长安丞追查苏贤，并唆使尉史禹弹劾苏贤身为屯驻灞上的骑士，竟私自擅离屯所，犯了贻误军机罪。苏贤的父亲愤而上书控告赵广汉，案子便交由有关部门重新审理。

审理结果使赵广汉特别窝火：尉史禹以诬告罪被处腰斩，赵广汉被降俸禄一级。

赵广汉怀疑是苏贤的同乡——荣蓄教唆，才导致自己遭此灾祸，便随意捏造了个罪名，砍掉了荣蓄的脑袋。

有人上书皇帝，告发赵广汉滥杀无辜。宣帝诏命把案件交丞相和御史大夫办理，并且对案子追查得非常紧急。

赵广汉不甘坐以待毙，便派出一个心腹去做丞相府门卒，在相府卧底暗中窥探，企望能抓住什么把柄，进而反制丞相魏相。

地节三年（前67年）七月，丞相府一个婢女自缢而死。赵广汉闻之欣喜异常，怀疑是魏相的夫人因嫉妒而在府宅内杀了婢女，以为有隙可乘，便派中郎赵奉寿前去劝告，实际目的是要挟丞相不再追查自己违法的案子。

丞相魏相不予理睬，反而追查得更加紧急。赵广汉被逼无奈，索性直接上疏宣帝，告发丞相魏相擅杀婢女。宣帝下诏，"交予京兆尹审理"。赵广汉便迫不及待地亲自率领吏卒闯入丞相府，强令丞相夫人跪在庭院受审，并将相府的十几名奴婢收押。

丞相魏相怒不可遏，立即上疏宣帝，陈述事情原委。宣帝诏命将案子交予廷尉审理。经廷尉审理查明：相府一婢女犯了错误，遭到鞭笞，自觉委屈，便跑到相府外上吊而死。赵广汉所奏纯属捕风捉影、凭空捏造。

宣帝闻奏雷霆震怒。丞相府司直萧望之上表弹劾道："赵广汉胆大妄为，竟诬陷、侮辱丞相，妄图要挟奉公执法的大臣，悖逆道德，有伤风化，犯大逆罪，应予严惩。"宣帝准奏。赵广汉遂被收入廷尉监狱，并在公元前65年被处以腰斩。

清廉惩恶，引人敬仰和歌颂

赵广汉一生疾恶如仇，走到哪里，战斗到哪里。他对待地方恶势力所用的雷霆手段很成功，然而京城的官员不好当。文武百官、权贵显要、豪门大富大多聚集在此。赵广汉因能力出众复任京兆尹，却也因为惩腐治恶而受到被惩治者的怨恨。这些腐恶之人的利益或声誉一旦被触犯，他们怎会善罢甘休？但身居京城的兆尹，打击的对象往往是一方豪门官吏，甚至要问罪皇亲国戚，此时的秉公、耿直就变成"缺乏方法"，无畏、勇敢成为"恶毒与残忍"。一头体衰的狮子，被围困在狼群当中，最后只能是狼的美餐，"狮子"赵广汉以腰斩刑结束了他战斗的一生。

俗话说：智者千虑，必有一失。人的智力是有一定限度的，处在复杂的斗争环境中的人，尤其容易出现考虑不周的时候。赵广汉府第内，任用了一些世家子孙，以及初入仕途的年轻人。在训导这些人时，赵广汉常常鼓励他们身强气盛、不畏权贵。他自己遇事雷厉风行、毫无顾忌的品德和作风也给其门客以影响，他们的行为常有过头之处。赵广汉最终为此招致祸患。

行刑之日，长安城中万人空巷，数万吏民守候在阙门号泣，不少人声泪俱下地哭诉道："我活着对国家没什么用，请让我替赵京兆去死吧！恳请留下赵京兆，来为老百姓服务。"但皇帝已经发话，赵广汉还是被执行腰斩。

"天性精于吏职"的赵广汉，本以正气浩然、疾恶如仇而享有盛誉，是一个脚脖子上挂铃铛——走到哪里响到哪里的贤明能吏。奈何他在官场浸淫日久，渐渐变得刚愎任性，直至违法获罪，惨遭腰斩。这不能不引起后人的深思。

赵广汉虽因犯法被杀，但他从地方官至京兆尹一路官途的清正廉明与制服豪强大族，使百姓安居乐业，人们敬仰他、追念他。2000多年过去了，人们仍然歌颂他、赞扬他。①

封建社会的清官，其实都是为维护封建统治服务的。但不可否认的是，他们为人民做过一些好事，对社会历史也起

① 本章内容参考《汉书·卷七十六·赵尹韩张两王传第四十六》。

过一定的积极作用。他们廉洁奉公、公正执法的一面，对今天的法治建设与廉政建设仍不乏学习、借鉴意义。历史是一面镜子，赵广汉的事例再次说明了一个道理：公生明，廉生威，得民心者得天下。正如《汉书·赵广汉传》记载："广汉虽坐法诛，为京兆尹廉明，威制豪强，小民得职。百姓追思，歌之至今。"

廉政智慧

让人民来监督政府。

廉政教育

坚持一体推进不敢腐、不能腐、不想腐，深化标本兼治、系统施治，不断拓展反腐败斗争深度广度，对症下药、精准施治、多措并举，让反复发作的老问题逐渐减少，让新出现的问题难以蔓延，推动防范和治理腐败问题常态化、长效化。

——习近平在中国共产党第二十届中央纪律检查委员会第三次全体会议上发表的重要讲话（2024年1月8日）

廉政点评

新官理旧事，整治顽疾痼症

"让人民来监督政府"，是毛泽东同志当年给出的答案。举报箱是人民监督政府的有力武器，而这一"武器"是2000多年前的赵广汉发明的。借助举报箱，赵广汉得到颍川两大豪强和官员勾结作乱的线索，随即组织力量打击犯罪，使作奸犯科者落网，稳定了社会。

对于赵广汉的工作能力及廉政为官的智慧，《汉书》对他如此评价："广汉为人强力，天性精于吏职。"由此可知，他天生就是个当官的料。赵广汉为老百姓爱戴，是因为他不仅临阵勇，临财廉，临事勤，临民仁，而且能够新官理旧事，一身正气，廉洁奉公，除恶务尽。

当今社会不乏杜建那样的党员领导干部。有的违规插手干预工程，这并不是一条发财之道，而是不归之路。赵广汉严格执法的行为，重申了这一铁律。贪腐者违规插手干预工程招投标的手段、方式多种多样，无论是直接利用手中权力谋利，还是利用影响力"办事",也无论是直接上阵"站台",还是默许他人违规获取工程项目,本质都是滥用权力、以权谋私。

工程招投标领域的顽症痼疾危害巨大,不仅败坏风气,污染政治生态,而且直接损害群众切身利益。党的各级组织和人民群众要紧盯违规干预、以权谋私、利益输送等问题,强化主动监督、靠前监督,加强对重点部门、重点岗位、重点领域、重点环节的监督检查,用强有力的整治手段,持续优化营商环境。

政治清明历来就是中国人民所追求的梦想。"政治清明"是一种明礼诚信、安定有序,民主法治、公平正义,廉洁奉公、政通人和的政治生态和社会状态。实现政治清明需要民主法治、反腐倡廉、公开透明、思想革新。今天的党员、干部要把赵广汉新官理旧事的廉政大智慧学到手,敢于负责、敢于碰硬,坚决查处腐败案件,特别是对那些不收敛不收手、政治问题和经济问题交织、对反腐败具有标志意义的案件,要持之以恒坚决治理顽疾痼症。要敢于担当、敢于攻坚、敢于碰硬，切实在逆境之中干事成事、体现作为、干出业绩，扎实做好党风廉政建设和反腐败工作，切实为发展新质生产力、推动高质量发展提供强大的政治保障。

三

理政要道，在于公平正直

—— 狄仁杰：杰出封建政治家

狄仁杰（630—700），字怀英，唐朝并州太原（今山西太原市西南）人，应试明经科（唐代科举制度中科目之一）及第，从而步入仕途。从政后，狄仁杰经历了唐高宗与武则天两个时代，初任并州都督府的法曹，转大理丞，改任侍御史，后任宁州刺史、豫州刺史、地官侍郎等职。狄仁杰为官，如老子所言："圣人无常心，以百姓心为心。"为了拯救无辜，他敢于拂逆君主之意，始终保持体恤百姓、不畏权势的本色，始终居庙堂之上以解民忧，后人称之为"唐室砥柱"。

天授二年（691年）九月，狄仁杰升任宰相，担任地官侍郎、同平章事，但在相位仅四个月便遭酷吏来俊臣诬以谋反之罪，被夺职下狱，平反后贬为彭泽县令。他在营州之乱时被起复，并于神功元年（697年）再次拜相，担任鸾台侍郎、同平章事，进拜纳言。后犯颜直谏，力劝武则天复立庐陵王李显为太子，使得唐朝社稷得以延续。

狄仁杰在任掌管刑法的大理丞时，到任一年便处理了前任历年遗留下来的积案，17000多个涉案人员无一人再上诉申冤，其处事公正可见一斑。后人据此编出了许多精彩的传奇故事，连荷兰也有人以此为题材，编了一本《大唐狄仁杰断案传奇》。

久视元年（700年），狄仁杰进拜内史，于同年九月病逝，武则天追赠其文昌右相，谥号"文惠"。中宗李显复唐国号后追赠司空，唐睿宗追赠其为梁国公。

狄仁杰生于官宦之家，祖父狄孝绪曾任贞观朝尚书左丞，父亲狄知逊曾任夔州长史。小时候，狄仁杰是个读书种子。据说某次他家发生命案，全家人都在接受县吏质询，唯独狄仁杰仍坐在书房埋头读书。县吏见后很生气地说："你这娃，发生这么大的事，咋就丝毫不为所动？"

狄仁杰头也不抬地说："正在书卷中与圣贤神游，哪有空理会你们这些俗吏！"

在县吏面前对答如流、风度够酷的狄仁杰，后来果然科场得意，他长大后应试明经科及第，随后出任汴州判佐。

起于基层的断案高手

判佐，是唐代的司法官名。官不大，麻烦却挺多，上任没有多久，狄仁杰就被人诬告。好在受理案子的是历史上著名的画家兼工部尚书阎立本，他在弄清事件真相后，发现狄仁杰是一个德才兼备的难得人才，就亲自写了推荐信，称其为"河曲之明珠，东南之遗宝"。于是，狄仁杰因祸得福，走马并州，任都督府的法曹。

法曹的职位虽然不算高，但狄仁杰干得有声有色，就连同事也称赞他说："狄公之贤，北斗以南，一人而已。"在中国历史文化中，北斗星在古代属于帝星，皇帝以北斗自比。这句话的意思就是，像您这样的贤能之士，皇帝之下，仅你一人而已。此时狄仁杰不过是个七品官，其同事竟然看出他有帝王将相之才，足见其工作能力之强。

狄仁杰执法时不苟言笑，而平时的他是一个很风趣的人。据《朝野佥载》记载，狄仁杰与卢献同为侍郎，两人曾互相开玩笑，狄侍郎说："足下配马乃作驴。"

这句话挖苦得很巧妙，从表面来看，足下是尊重对方的称呼，说的是给你配上一匹马，就成了驴了。细一想，"马"字旁加个"卢"字，那不非常像"驴"字吗？

卢侍郎说："把您一劈两瓣，就成了两条狗了。"这不是吗？把"狄"字分成两瓣，就像两个"犬"字。

狄侍郎不同意，说："'狄'字不是两个'犬'字组成的，而是犬字旁加个'火'字。"

卢侍郎说："狗的边上有火，那是把狗烧熟了。"

两人都哗然大笑。

在地方上摸爬滚打了近20年后，狄仁杰于唐高宗上元二年（675年）被调至大理寺，出任大理丞，开始了京官生涯。大理寺是朝廷法司，大理丞主要负责京师案件，同时复核全国各地的判案，品级不高但职责重大。上任后，狄仁杰用一年时间将历年积压的案件全都清理干净，涉案的17000多人，有罪无罪，各有所归，事后竟无一诉冤者。

神了！这下真是不鸣则已，一鸣惊人，狄仁杰断案如神的名声一下传遍九州，成为朝野上下推崇备至的大法官。尽管史籍中没有留下这些案子的具体细节，但有一点恐怕不能否认，那就是狄仁杰的从容断案与其20年的基层司法工作经验有着密切的联系。

为官正直，断案公道

为了维护封建法律制度，狄仁杰甚至敢于犯颜直谏。仪凤元年（676年），发生了一件事。将军权善才派遣中郎将范怀义率卫队在昭陵值宿警卫，有一个侍卫军军士砍了几棵小柏树。这本来不算什么大事，可昭陵是唐太宗的墓地，因此军士犯了大罪，权善才依法查办了他。这个砍树的军士认识到错误的严重性，痛哭流涕请求宽大处理。不想高宗皇帝听说权善才的部下砍伐了昭陵的柏树，这么不恭不敬的事让他情不自禁地痛哭起来。高宗说中郎将范怀义的部下犯了这等大罪，让他这个皇帝成了不孝之子，那还了得？要严肃追究范怀义及其上级领导权善才，命令杀掉这两人。

大理丞狄仁杰判了这桩案子，虽说治了权善才的罪，但仅仅是免掉了他的官职。高宗皇帝对此大发脾气，命令大理寺迅速执行死刑。

狄仁杰为官正直，方能断案公道。作为该案主审官员，狄仁杰冒死上谏，称权善才罪不当死。

高宗怒道："权善才等人陷我于不孝，必杀之！"

狄仁杰神色淡定，从容辩解："当年有人偷窃了汉高祖庙中神座前的玉环，汉文帝欲灭其族，张释之当廷面争：'若是有人公然挖了祖庙，那他又该当何罪呢？'汉文帝悟其意，遂罪罚一人。如今，陛下因军士误伐了昭陵的几棵柏树而要杀两个大将军，后世又将如何评价陛下？何况，权善才两人依律罪不至死，而陛下坚持要杀，律法何以取信于人？我若奉命杀了两位大将军，那才是陷陛下于不道呢！"

狄仁杰继续解释说："律法是陛下您制定的，我只是遵守和执行法律。为什么要因为砍伐了几棵小柏树而杀掉将军呢？我不能接受陛下的命令。"

此时高宗流着眼泪说："权善才的属下砍伐了我父亲陵墓上的柏树，让作为儿子的我不孝，因为这几棵柏树杀掉权善才并没冤枉他。我知道你是一个好法官，但权善才这些人最终必须判死罪。"

狄仁杰坚持谏争，侍中张文瓘挥动手中的朝板，让狄仁杰先出去，意思是说要是再争下去，恐怕你自己的性命也难保了。可狄仁杰就是不走，他又向高宗讲了辛毗引裾的事例说，然后说："我听说触犯皇上，违背圣意，自古以来是一件难事，但我认为不难。如果处在暴桀的商纣王时代就难，如果处在尧舜时代就不难。我有幸遇上了尧舜时代，不怕像比干丞相那样遭到杀害。陛下不接受我的劝告，我死去之后，在九泉之下见了张释之、辛毗时还会感到羞愧。"

高宗说："权善才犯法在情理上不可宽容，按法律虽然不能判死罪，但我太恨他了，必须超越法律的界限把他杀掉以解我恨。"

狄仁杰坚持说："陛下制定法律，把它们张贴在宫门口，从服劳役、流放直到死刑都有明确的等级规定，难道有罪犯不该判死刑却特意要违背等级规定让其去死的吗？法律既然可以变化无常，百姓就会无所适从，那国家的各个部门凭什么来支配百姓的行动？陛下如果一定要改变法律，请求以今天作为开始。现在陛下因为昭陵的几棵小柏树被砍而要杀两名将军，多年之后，后世将会把陛下说成是什么样的主子呀？这就是作为臣子的我不敢奉命杀权善才等人、置陛下于无道的缘故。"

高宗听后，意虽快快，但还是免了二人死罪。

由于狄仁杰拼死坚持说理，高宗才打消原来杀人的主意，权善才得以免死。事后高宗皇帝气消了，赞扬狄仁杰说："你能遵守法律，我有个认真执法的好官。"他还下令把狄仁杰的事迹编入史册。

不久，狄仁杰被唐高宗任命为侍御史，负监督百官、典正法度的重大职责。任职期间，狄仁杰恪守职责，对一些巧媚逢迎、恃宠怙权的官吏进行了弹劾。调露元年（679年），司农卿韦弘机负责建造宿羽、高山、上阳等皇宫，建得过分宽敞壮丽。

狄仁杰上奏章弹劾韦弘机说韦氏此举"引导皇帝追求奢靡"，韦弘机因而被免职。

左司郎中王本立仗恃皇帝的恩宠，不按规矩办事，朝廷上下都惧怕他。狄仁杰毫不留情地揭露其为非作歹的罪行，请求把他交到法司审理。

唐高宗想宽容包庇王本立，狄仁杰以身护法，说道："国家虽然缺乏有才华的人，难道缺少像王本立这样为非作歹的人吗？陛下何必以玷污王法的代价来怜惜和曲赦罪人呢？如果陛下一定要曲赦王本立，请陛下把我发配到一个没有人的地方去，作为对忠贞者的惩戒吧！"

通过这样的斗争，王本立终于被治了罪，朝廷开始呈现出廉洁奉公的新气象。

得到武则天赞赏信任

在狄仁杰官升至度支郎中（属尚书省）的时候，唐高宗准备到汾阳宫巡幸。汾阳宫在山西宁武，原来是隋炀帝修建的避暑行宫。这样的出巡活动要先做准备。一帮大臣大摆排场，委派狄仁杰为知顿使，由其预先布置中途食宿的场所；派并州长史李冲玄前去征发数万民工，另修一条避开妒女祠的御道。狄仁杰劝谏说："天子出行，千乘万骑，风神也要为他一路清道，雨神也要为他一路洒水，难道还怕那个'妒女'吗？"由于狄仁杰的谏言，免去了另修一条御道的工程，这样就免除了并州数万人的劳役。唐高宗听说后赞叹："真大丈夫矣！"

垂拱二年（686年），狄仁杰出任宁州（今甘肃省宁县、正宁县一带）刺史。那时的宁州是各民族杂居的地方，狄仁杰注意妥善处理少数民族与汉族之间的关系，安抚各少数民族。经他治理，宁州地域人心安定、民族关系和睦，当地人为他立碑颂德。那一年御史郭翰巡察陇右，在宁州一路所闻都是歌颂狄刺史的，他为人为政口碑极好。郭翰回朝后，上表举荐，狄仁杰升为冬官（工部侍郎），充江南巡抚使。狄仁杰发现当时吴、楚地带兴建了不少多余的祠庙，奏请皇帝批准后，拆除祠庙1700多座，只留下纪念夏禹、吴太伯、季札和伍子胥四人的祠庙，减轻了南方人民的负担。

垂拱四年（688年），博州刺史琅琊王李冲起兵反对武则天当政，豫州刺史越王李贞起兵响应，他们都是李唐皇室子孙。武则天派兵平定了这次宗室叛乱后，遣派狄仁杰出任豫州刺史。当时，受越王李贞案株连的六七百人被关在监牢里等待砍头，被没收财产的多达5000人。狄仁杰深知大多数兵士都是被迫在越王李贞的军队里服役的，因此，他上书武则天说："这些人都不是本意谋反的，而是受牵连的，请求可怜他们并免除惩罚。"武则天听从了他的建议，特赦了这批死囚，稳定了豫州的局势。

那时，平定越王李贞叛乱的是宰相张光辅。他和部下将士仗着自己平叛有功，向当地州府大肆敲诈，索取不合理的酬劳。狄仁杰不仅没有答应，反而怒斥张光辅纵其部属屠杀投降的叛军，当作自己的战功。狄仁杰说："造成河南混乱的，一个是越王李贞，如今虽然一个李贞死了，可一万个李贞又出来了。阁下作为统领三十万大军的将军，平定了一个乱臣，不约束将士，却纵容他们施暴，让无罪的人民群众肝脑涂地，只怕会民怨沸腾。如果这事闹到皇上那里，皇上的斩马剑架在你的脖子上，你就死定了。"

狄仁杰义正词严，张光辅无言以对，但怀恨在心，还朝后参奏狄仁杰出言不逊。狄仁杰被贬为复州（今湖北省仙桃市、天门市、监利市一带）刺史。

但狄仁杰的才干与名望，已经逐渐得到武则天的赞赏和信任。天授二年（691年）九月，狄仁杰被任命为地官（户部）侍郎、同凤阁鸾台平章事，开始了他短暂的第一次宰相生涯。身居高位的狄仁杰谨慎自持，从严律己。一天，武则天对他说："爱卿在汝南，政绩卓著，你想知道说你坏话的是谁吗？"狄仁杰感谢武帝的信任后说："陛下认为我有过错，我一定改正，陛下若明察不是我的过错，是我的大幸。我不想知道是谁在说坏话，也请皇上不要告诉我是谁。"武则天对他坦荡豁达的胸怀深为叹服。

遭诬告贬为彭泽县令

狄仁杰官居宰相，处理朝政的时候，也正是武则天的内侄武承嗣显赫一时、踌躇满志的时期。武承嗣认定狄仁杰将是他被立为皇嗣的障碍之一。长寿二年（693年）正月，武承嗣勾结酷吏来俊臣诬告狄仁杰等大臣谋反，将他们逮捕入狱。当时法律中有一条：第一次审问就承认谋反的可以被免除死刑。

来俊臣逼迫狄仁杰承认"谋反"，狄仁杰做出非常的举动，立刻服罪说："大周朝对旧的制度进行改革，一切都要更新，作为唐朝的旧臣子，甘愿服从那些杀戮，实际上就是谋反！"来俊臣认为得到了满意的口供，就将狄仁杰等人收监关押，等待有一天行刑，便没有很严密地防范他。狄仁杰把被头的白布拆下来写上冤情，衬在棉衣里，送回家去，请狱吏转告家人去掉棉花。于是狄仁杰的儿子狄光远得到他的冤状，拿到武则天那里上告。

武则天召来狄仁杰等"谋反"的大臣当面质问："为什么承认谋反？"

狄仁杰从容不迫地回答："若不承认谋反，早已死于酷刑之下了。"

武则天又问："为什么写了'谢死表'？"

狄仁杰回答："臣没有写过这种奏表。"

武则天命人拿出谢死表，才弄清楚是伪造的。于是，她下令释放此案的七个人，只是把他们都贬为地方官，狄仁杰被贬为彭泽县令。就这样，狄仁杰运用自己的才智机谋死里逃生。此后，武承嗣想根除后患，多次奏请杀掉狄仁杰，都被武则天拒绝了。

在彭泽县令任内，狄仁杰勤政惠民。赴任之际，彭泽干旱无雨，庄稼歉收，同时也错失耕种的时机，百姓没有粮食可吃。狄仁杰上奏要求朝廷发粮赈济，免除租赋，救民众于饥馑之中。

通天元年（696 年）十月，契丹的军队攻陷冀州（今河北省临漳县），河北受到威胁，民心动荡。为了稳定局势，武则天起用狄仁杰为与冀州相邻的魏州（今河北省大名县一带）刺史。

原来的魏州刺史把百姓都赶进城去修缮守备工事，狄仁杰到任后，让百姓返回田间耕作。契丹的军队听说后，认为守军敢于把百姓放出来，说明此处守备坚固，不易攻取，于是把部队撤回北方，使魏州避免了一次战争的灾难。当地百姓歌颂狄仁杰机智救城于涂炭，立碑纪念他的功绩。

不久，狄仁杰升任幽州都督。随着他的社会声望不断提高，武则天赐给他紫袍、龟带，并亲自在紫袍上写了"敷政术，守清勤，升显位，励相臣"12个金字奖励他。这12个金字的意思是：勤劳地治理政务，生活清贫，把他升到显赫的岗位上，以鼓励群臣向他学习。

再造唐室之功的义士

神功元年（697年）十月，狄仁杰被武则天召回朝中，官拜鸾台侍郎、同凤阁鸾台平章事，加银青光禄大夫，兼纳言，恢复了宰相的职务，成为辅佐武则天掌握国家大权的左右手。此时，狄仁杰已年老体衰、力不从心。但他深感责任重大，仍然尽心竭力，关心社会命运和国家前途。他提出的一些有益于社会和国家的建议及措施，在以后几年的社会政治生活中发挥了巨大的作用。

圣历元年（698年），武承嗣数次使人游说武则天，请立其为太子。武则天犹豫不决。狄仁杰以政治家的深谋远虑，劝说武则天顺应民心，还政于庐陵王李显。当时，大臣李昭德等曾劝说武则天继续以四子李旦为嗣，但没有被武则天接受。对武则天内心欲立侄子武承嗣为太子洞烛机微的狄仁杰，从母子亲情的角度出发从容地劝说武则天："立子继承王位，则陛下将会被供奉在太庙，承继无穷；要是立侄子继承王位，有当皇帝的侄子把姑姑供奉在太庙的吗？"

武则天说："这件事是我的家事，你不要干预为好。"

狄仁杰沉着而郑重地说："作为皇帝，四海之内，都是你的家，四海之内，又有哪个不属于皇上的子民？哪一件不是陛下的家事？皇上是'头'，臣子是'大腿'和'胳膊'，你我是连成一体的关系。况且我是当宰相的，怎么能不提出意见呢？"

最后武则天感悟了，听从了狄仁杰立子不立侄的意见，亲自迎接庐陵王李显回宫，立为皇太子，李唐社稷得以维系。狄仁杰因此被历代政治家、史学家称为有再造唐室之功的忠臣义士。

同年秋，突厥南下骚扰河北。武则天命太子李显为河北道行军元帅、狄仁杰为副元帅，征讨突厥。由于太子无须真的统兵出征，武则天命狄仁杰执行元帅的权力，并亲自给狄仁杰送行。

定州男女万余人被俘并掳去了漠北地带，狄仁杰没能追上。武则天改任他为河北道安抚大使。面对战乱后的凋残景象，狄仁杰采取了四条措施：第一，上疏请求赦免河北各州曾被逼为突厥做事的无辜百姓，不予追究任何责任，让其平安回乡生产；第二，发放粮食物资以赈战后的贫乏；第三，修缮驿路以便于部队回师；第四，严禁部下侵扰百姓，犯者必斩。这样很快恢复了河北的安定。

久视元年（700年），狄仁杰升为内史（中书令）。这年夏天，武则天到三阳宫避暑，有胡僧邀请她观看安葬佛骨仪式，奉佛教为国教的武则天爽快地答应了。但狄仁杰跪于马前拦奏道："佛是夷狄之神，不足以让天下之主的陛下屈膝。胡僧阴险诡谲，他是想得到能装满一万辆马车的馈礼。"武则天听了狄仁杰的话，觉得有理，没有参加观礼，半途而回。

那年秋天，武则天想建造浮屠大塔和佛像，预计费用多达数百万。国库里的钱不够，于是她欲下诏，命令天下的和尚和尼姑向民间化缘，以集资建造这项工程。

狄仁杰上疏劝谏说："如来设佛教，是以慈悲为主，怎么能在形式上费钱费力？近来旱涝不调，边境也不安定，若耗费官财，又用尽人力，若某地出现不测，那该怎样应对和施救呢？”

武则天接受了他的建议，废止了这项工程。

以举荐贤能作为己任

作为一名精忠谋国的宰相，狄仁杰很有知人之明，也常以举荐贤能的人为己任。有一次，武则天让他举荐一名将相之才，狄仁杰向她推举了荆州长史张柬之[①]。于是，武则天将张柬之提升为洛州司马。过了几天，又让狄仁杰举荐将相之才，狄仁杰问道："我此前举荐张柬之，还没有使用呀？"武则天说已经将他提升了。狄仁杰说："臣所举荐的人是宰相之才，而不是司马。"由于狄仁杰的大力举荐，张柬之被武则天任命为秋官侍郎，过了一段时间后升为宰相。后来，在狄仁杰死后的神龙元年（705 年），张柬之趁武则天病重，拥戴唐中宗李显复位，为匡复唐室作出了巨大的贡献。

狄仁杰还先后举荐了桓彦范、敬晖、窦怀贞、姚崇等数十位忠贞廉洁、精明干练的官员，他们被武则天委以重任之后，政风为之一变，朝中出现了一派刚正之气。后来，他们都成为唐代中兴名臣。对于少数民族将领，狄仁杰也能举贤

---

① 张柬之（625—706），字孟将。襄州襄阳（今属湖北省）人，唐朝武则天时期宰相。

荐能。契丹猛将李楷固①曾屡次率兵打败武周军队，后兵败来降，一些大臣主张斩了他。狄仁杰认为李楷固乃骁将之才，若能免他死罪，必能感恩为朝廷效力，于是奏请授他官爵，委派他出征的任务。武则天接受了狄仁杰的建议。果然，李楷固等率军讨伐契丹残部，得胜归来，武则天设宴庆功，举杯对狄仁杰说："这是你的功劳啊！"

由于狄仁杰有知人之明，有人对狄仁杰说："天下桃李，都在您的门下啊！"

在狄仁杰当宰相的几年中，武则天对他的信任和尊重是群臣所莫及的，她常称狄仁杰为"国老"。狄仁杰喜欢在朝堂上当面与她讨论和争辩。狄仁杰曾多次提出想年老告退，武则天都没有同意。他入宫面圣时，也常被武则天阻止行跪拜大礼。武则天曾告诫朝中官吏说："除非军国大事，不要劳烦狄仁杰，他太操劳。"

在封建社会，一个司法官员的公正与否，在很大程度上取决于他个人的道德品质。狄仁杰一次在赴任途中，登上太行山，远远望见一片白云孤飞，他不由想念住在河阳（今河南省洛阳市孟津区）的父母。狄仁杰告诉同行的人说："我

---

① 李楷固（656—720），武则天时代的契丹族将领，被武周朝廷封为燕国公。696年，契丹松漠都督李尽忠和他的内兄孙万荣举兵反周，李楷固是李尽忠的部下。697年，李尽忠病死，孙万荣兵败被杀，李楷固和副将骆务整一起投降了武周。朝廷大臣因为李楷固、骆务整的部队曾经屡胜周军，想把他们处死。宰相狄仁杰介入，说服了武则天宽恕并重用了李楷固、骆务整。李楷固平定了继续反周的契丹人，不过，在天门岭之战中，李楷固战败。700年，武则天封李楷固为燕国公，赐姓武。

的亲人就在那片白云的下方。"说完注视良久，直到白云飘去才又重新上路。

狄仁杰的同僚郑崇质将要被派往西北一处极为偏远的地方执行公务，而他的母亲年迈多病。狄仁杰劝说道："你怎么可以让年迈的母亲在万里之外为你担忧？"于是，狄仁杰亲自接见并州长史蔺仁基，请他代替郑崇质远行。蔺仁基为他们二人的友谊所感动，联想到自己与同僚李孝廉之间的种种不和，深感惭愧，主动与李孝廉和解。

狄仁杰后来被酷吏来俊臣诬陷下狱，有人让他指证宰相杨执柔也是同谋，这样可以免死。狄仁杰气愤地说："皇天后土在上，我狄仁杰怎么能做这种伤天害理的事情！"说话间，用头撞向柱子，血流满面，吓得游说的人连忙安慰他。

至亲至孝的狄仁杰不仅是一个十分合格的司法官员，而且堪称封建社会的道德楷模。

承前启后名相狄梁公

断案如神，为官四方，这些还只是民间声誉。对狄仁杰来说，其一生最重要的活动恐怕还在于复兴李唐皇室。为实现这一目的，狄仁杰想方设法对武则天施加影响，以改变其对两个儿子（唐中宗李显、唐睿宗李旦）的看法，让这两位"失业皇帝"尽快摆脱被囚禁的境地。

有一次，武则天和近臣们谈起一个梦，说她梦见一只大而美丽的鹦鹉，但奇怪的是，鹦鹉双翼已折。狄仁杰乘机回奏说："臣以为，那只大而美丽的鹦鹉就是陛下自己，因为陛下姓武；两翅，就是陛下的两个儿子（李显与李旦），现在他们都被囚禁，所以鹦鹉的两翅折断。没有翅膀的鹦鹉不能飞翔，如陛下起用皇子，鹦鹉就能飞翔了。"

久视元年（700年），狄仁杰病故，朝野凄恸，武则天哭泣着说："我的朝堂空了啊！"并赠封他文昌右相，谥号"文惠"。唐中宗继位后追赠司空，唐睿宗又封其为梁国公。后世称狄仁杰为"狄梁公"，即由此出。

狄仁杰的一生，可以说是宦海沉浮；作为一个封建统治阶级中杰出的政治家，狄仁杰每任一职，都心系民生，政绩卓著。在他身居宰相之位后，辅国安邦，对武则天的弊政多有匡正；狄仁杰在上承贞观之治、下启开元盛世的武则天时代作出了卓越的贡献。

狄仁杰是武则天时期的宰相，杰出的封建政治家。至今，他的家乡狄村还保留着一株古槐树，枝叶繁茂，世代相传是狄仁杰的母亲亲手种植的。而古槐树的旁边还有一块石碑，上面刻有"狄梁公故里"的字样。①

---

① 本章内容参考《旧唐书·卷八十九·列传第三十九》《新唐书·卷一百一十五·列传第四十》《狄公案》。

廉政智慧

用一贤人则群贤毕至，见贤思齐就蔚然成风。

廉政教育

选什么人就是风向标，就有什么样的干部作风，乃至就有什么样的党风。

——习近平：《着力培养选拔党和人民需要的好干部》（2013 年 6 月 28 日）

廉政点评

办案公正举荐贤能有奇功

狄仁杰一生刚正严明，其廉政大智慧在于办案公正，举荐贤能，打击贪官污吏，维护人民利益，且忠于唐室，他是封建社会里具有远见卓识、政绩显著的一位名臣。他在时间不长的大理丞任上办了大量积压案件，涉案的 17000 多人竟然没有一个有冤屈。此外，他驰骋战场，保家卫国，知人善用，推荐贤能，可见他是一个为国为民的好官。其睿智机敏，刚正不阿，政绩卓著，是极具远见卓识的政治家，也是显赫于世、闻名遐迩的千古名相。其每任一职，都心系民生。在他身居宰相后，辅国安邦，对武则天弊政多有匡正。

近年来，党和政府一直在坚决打击贪腐，力求确保人民应有的主人翁地位。这一举措不仅体现了党和政府对反腐败工作的高度重视，更是对社会公正和法治建设的有力支持。贪腐官员对社会造成了极大的伤害。他们不仅滥用职权、侵吞财产，还使得社会资源分配不均，损害了社会的公平与公正。他们的种种行为严重侵蚀了人民群众对党和政府的信任，使得人民的主人翁地位受到严重侵害。因此，打击贪腐，还人民主人翁地位，成了当务之急。

党和政府采取了一系列有力的措施来打击贪腐。首先，建立了全面覆盖的反腐败监察体系，使得监察机关可以对各级领导干部实施监察，发现并查处腐败问题。其次，加大了对腐败行为的打击力度，依法追究贪腐官员的责任。再次，加强了司法体系建设，提高了司法独立性和公正性，确保了打击贪污犯罪的有效性和公信力。最后，加强了社会舆论监督和公众参与，让人民成为反腐败的参与者和见证者。

这些措施取得了显著成效。大量贪官被查处，一些大案要案得到了侦破和审判，这一系列行动向社会发出了明确的信号：任何腐败行为都将受到法律的严惩。同时，通过打击贪腐，国家的财富得到了有效保护，社会资源得到更加合理的分配，为人民的福祉创造了更加有利的条件。然而，打击贪官污吏并不是一蹴而就的事情，仍然面临一些挑战。一方面，贪官贪污腐败的手段多样、隐蔽性强，他们往往借助职权之便进行腐败活动，掩盖行迹，使得打击工作难度加大；另一方面，贪腐官员的网络腐败和利益输送问题也日益突出，他们通过利益链条进行勾结，使得查处过程更为复杂。此外，打击贪腐官员还面临一些地方保护主义和不作为现象，一些地方政府对腐败问题查处不力，甚至漠视违法行为，给打击腐败工作带来了阻力。

面对这些挑战，新时代党员、干部需要学习狄仁杰的廉政大智慧，进一步加强制度建设和监管机制。首先，要加强反腐败法律法规的制定和完善，提高打击腐败的法治化水平。其次，要推进政府权力清单制度和公开透明制度建设，加强对权力运行的监督和约束，防止腐败的滋生。再次，还要加强对权力运行的监察，建立健全举报和投诉机制，让人民群众参与到反腐败工作中来，形成打击腐败的合力。另外，还需要加强教育宣传和道德建设，培养公民的法治意识和道德观念。通过加强反腐败教育，让每个人都认识到贪腐行为对社会的危害，激发公民对反腐败的责任感和参与意识。最后，要加强社会舆论监督，倡导廉洁风尚，压缩腐败空间，形成全社会对腐败行为的共同声讨。

为政之道，首在择人，"用一贤人则群贤毕至"，体现的是示范效应；"亲贤臣，远小人"，能够造福一方百姓，有力地推进各项事业发展，反之，则会使贤人成"闲人"。因此，只有像狄仁杰那样树立起用贤人的"大旗"，发挥优秀人才的作用和影响力，才能使群贤毕至。选好干部，用好干部，事关党的薪火相传，事关国运兴衰。组织人事部门需要严把"入

口关"，坚持宁缺毋滥的原则，使举贤、用贤成为共
识，唯有如此才能使更多的人才会聚到党和人民的事
业中来，实现"干部清正，政府清廉，政治清明"的
目标。

四

欲知平直，则必准绳；

欲知方圆，则必规矩

——徐有功：名垂青史大法官

徐有功（634—702），原名弘敏，字有功，因与太子李弘（武则天所生长子，四岁时被立为储君，死后被高宗破例追赠为皇帝，谥号"孝敬"）的名字有同一个"弘"字，必须避讳，就以字"有功"为名。河内郡济源青龙里（今河南省洛阳市偃师区）人，祖籍山东郯城。徐有功是武周时期敢于犯颜直谏的名臣，也是唐代最著名的专司审案的官吏。

在古代，大多数官职都是行政司法一体的，只在朝廷才有专门的审案官，但在官僚体系中地位极低，也难有作为。徐有功虽长期担任专职审案官，却因敢于严格执法，犯颜直谏，执正、平反成百上千件冤案，挽救生命达万人以上而名留青史。徐有功先后任过蒲州司法参军、司刑寺（大理寺）司刑丞、秋官（刑部）员外郎、郎中侍御史、司刑少卿等职。

徐有功为官之时，正值武周时期，上有武后作乱，下有酷吏网罗，执法守正颇为不易。由于徐有功前后执正大案六七百件，救活人命数以万计，因而难免得罪酷吏、奸臣，频遭弹劾、推审，但最终皆因找不出他贪赃或徇私枉法的证据，使他三次被控死罪，三次被赦，两次被罢官又两次复出。尽管如此，徐有功仍然矢志不渝，绝不阿谀奉承，一心执法守正。正因如此，徐有功才能成为历史上罕见的一位名留青史的专职"法官"，被时人誉为"自古无有"的好官。

徐有功出生于一户普通农民家庭，但其家族曾为士族名门，祖父是隋唐时期的大儒徐文远。虽然父亲是个农民，但徐有功从小受到良好的儒家教育，养成了高尚的道德品质。成年后的徐有功通过明经科的科举考试得中后，到蒲州担任司法参军，相当于现在中级人民法院的院长。关于徐有功幼小时的故事，史载甚少，但《新唐史》对他有"虽十岁未见其比"的赞誉。

仕途起于"徐无杖"

徐有功在蒲州任司法参军期间，其政绩已十分突出。当地百姓和官吏都称他为"徐无杖"。那么，"徐无杖"又是什么意思呢？

原来，徐有功在蒲州审判一切案犯时，都"力求宽仁，从不轻易动用刑讯，也不轻易判人笞杖刑"，而用传统的仁义道德去教育、启迪案犯悔过自新。为此，蒲州百姓和官吏都很受教育和感动，称徐有功为"徐无杖"。

在他的感化下，蒲州的民风大改。徐有功三年任满，竟没有一次在审判案犯时用杖罚。因而"徐无杖"之名也就越传越响，传到了京城长安。永昌元年（689 年），徐有功被召进京，担任起了司刑寺丞的重要职务。这说明徐有功的升迁，是以他"徐无杖"的显著业绩和才能"正步"而入的。

弘道元年（683 年）唐高宗驾崩，次年武则天以皇后身份临朝执政，继而她又"革唐命"，改国号为周，人称"圣神皇帝"。徐有功就是在这一复杂的政治背景下上任到司刑寺的。对武则天的称帝，唐的不少旧臣和李氏宗室贵族都十分反对，有的还起兵反对武则天，如徐敬业于光宅元年（684 年）在扬州起兵，唐宗室李冲、李贞于垂拱四年（688年）起兵反武。

武则天自然深恶这些旧臣和宗室贵族，都一次次派兵将他们镇压了下去。面对这严峻的政治局面，武则天为巩固自己的统治地位，任用酷吏，构筑大狱，偏离法规，接连诛杀所谓不法的大唐旧臣和宗室贵族，以此来震慑潜在的复唐势力，达到她的政治目的。武则天要打击复唐势力，就必须培养一批酷吏做她的帮手，所以她选用酷吏也是"不拘一格"的，如有名的酷吏来俊臣①、周兴②等人。有的原本是斗大的

---

① 来俊臣（651—697），雍州万年（今陕西省西安市）人，武则天时期大臣、酷吏。
② 周兴（？—691），雍州长安（今陕西省西安市）人，武则天重用的酷吏之一。

字不识一筐的市井无赖，这类人靠的就是告密状诬陷人起家的。

徐有功就是在这种政治气候下任司刑丞的，如果他也像来俊臣、周兴等人那样阿谀奉承，与酷吏们同流合污、偏离国法，按武则天的意图审案判案，凭他的奇才，高官厚禄自然指日可待。然而，徐有功不是这样的人，而是义无反顾地执法守正，冒着杀身之祸维护法律的严肃性，制止了各种冤假错案的泛滥。

但是，很快徐有功就与武则天发生了第一次冲突。武则天为及时广泛地掌握"敌情"，在全国各地大设告密之处，就是在朝堂上，她也设有告密箱。凡是能告发谋反大案的都能给予重赏。因而，全国告讦之风大起。

这年，有个叫冯敬同的人，他投状密告魏州贵乡县（今河北省大名县）县尉颜余庆曾与起兵被杀的李冲串通谋反。武则天马上叫酷吏——殿中侍御史来俊臣审理此案。颜余庆被逮至长安后，来俊臣马上提审，强逼颜余庆承认是李冲谋反同党，颜余庆大喊冤枉。经过来俊臣的严刑逼供，无奈颜余庆只得认罪写了供状。从供状来看，颜余庆与李冲只能说是一般关系，与谋反怎么也联系不上。

来俊臣知道这位圣神皇帝需要的是什么，因此他对颜余庆的供状并不满意。为了邀功，他不择手段地使用各种刑罚对颜余庆进行逼供。颜余庆受不起皮肉之苦，最后只得在供词上写下"与李冲通同谋反"的字样。来俊臣见颜余庆认罪了，便上奏给了武则天。

武则天看了"供词"后，叫来俊臣将此案转交司刑寺正式判刑。以往的司刑寺，对侍御史转来的案件，几乎是一律按侍御史定的判决。而这次，接颜余庆案的是新上任的司刑丞徐有功。徐有功细阅了案卷，他觉得虽然颜余庆自己已承认了与李冲"通同谋反"，但罪证不足。不过，徐有功清楚供状中的曲直——重刑出冤鬼。

徐有功与颜余庆没有一点亲戚关系，是法律的公正、公平和无私驱动着他查明实情。他想着如何能纠正冤案或缩小与法律的偏差，减轻颜的罪名。为此，徐有功查阅了武则天当年发的《永昌赦令》，发现"魁首"和"支党"字样，他微微地一笑："我何不如此这般。"于是，徐有功在审判颜余庆案件时，便援引了《永昌赦令》判颜余庆为李冲谋反案的"支党"，流放三千里，让颜余庆免受死罪。

这一"支党"的判决，不但惹恼了来俊臣，也使其他几个酷吏不满，另一个酷吏侍御史魏元忠便直接上奏武则天，请求将颜余庆按谋反魁首处斩，家口籍没。武则天准奏下敕。在古代，皇帝对一桩案子下敕是最高、最终的判决，任何人都要照办。然而，徐有功凭着他对执法应公、守法要正的坚守，打算硬着头皮向武则天强谏。

朝堂君臣论理辩

第二天上朝时，徐有功第一个出班向圣神皇帝奏道："颜余庆一案请陛下再加斟酌定案。颜余庆与李冲是有一些关系，如违法替李冲征私债，又通书信，但陛下已发布的《永昌赦令》中有李冲、李贞同恶，魁首并已伏诛之说。可见李冲谋反案的魁首早已全部法办，根据颜余庆的供词分析，他顶多也只是一个漏网的支党。因此，根据赦令应免其死罪，改判流刑。如果赦而复罪，又如何面对天下人？我圣朝绝不能这般行事。"

武则天见这位身穿从六品朝服的小官"徐无杖"，敢反驳她下的赦令，而且还当着文武百官的面隐晦地指责她出尔反尔，不按《永昌赦令》行事，便一脸怒气地问："照你说，那什么叫魁首？"

徐有功沉着地答："魁是大帅，首是原谋。"

武则天又怒问："颜余庆难道不是魁首？"

徐有功又答："若是魁首，他早应在李冲被杀时就伏法了，赦后才发觉，可见只是个支党而已。"

武则天的声音越来越粗："他为李冲征私债、买弓箭还不是魁首是什么？"

徐有功又答："征债是事实，但买弓箭与颜余庆无关。"

武则天怒问道："二月征债，八月通书，还能不是同谋？"

徐有功心平气和地回道："所通书信未见查获，只据口供，而且颜余庆口供只承认与李冲礼节上寒暄。而且征债、通书也只能归属于支党行为，与同谋魁首怎么也画不上等号呀！"

这场朝堂上的辩驳，把在场的文武大臣二三百人都吓得脸色铁青，正直的官员都为徐有功的前程和性命担忧，而徐有功却相信"心正不怕天，有理说得过皇帝"。他神情自若，对答如流，没有一点胆怯和惧怕。而武则天开始时怒不可遏，后来她渐渐觉得这位人称"徐无杖"的司刑丞，倒有一般官员所没有的勇气和见识。从她执政以来，还是第一次见到敢于与她争辩论理的官员，特别是谋反案件，她批准杀就杀，从无人与她争辩过。其实武则天很有政治头脑，也很爱惜人才，其怒气也慢慢地消了下来，对徐有功道："颜余庆是不是支党，卿仔细勘问后再奏上来。"

这场朝堂君臣论理答辩，让在堂的几百名文武官员看得惊心动魄。然而，他们意料不到的是，最后武则天竟自己找了个台阶走了下来，叫徐有功再审颜余庆是不是支党。可见徐有功已强谏成功，他们为徐有功长长地松了一口气。

回朝后，徐有功便再审颜余庆，以"支党"罪上奏武则天，最后获得武则天的批准。颜余庆在徐有功冒死与武则天激烈的争辩中，终于从死神那里捡回一条性命，改为远流，他的家人也得免为官奴。这是徐有功为维护法律尊严与公正，制止权大于法的冤假错案的第一战，当然也是旗开得胜的第一战。

要了解徐有功所处的时代，首先要了解武则天。武则天（624—705）在唐太宗时为才人，唐高宗时为皇后（655—683），唐中宗和唐睿宗时为皇太后（683—690），后自立为帝（690—705），改国号"唐"为"周"，定都洛阳，并称之为"神都"。史称"武周"或"南周"，长安四年（704年）退位。武氏认为，自己好像日、月一样崇高，于是自己命名为"曌"，凌驾于天空之上。称帝后，群臣为其上尊号"圣神皇帝"；退位后，唐中宗为其上尊号"则天大圣皇帝"。武则天是一位很有远见的政治家和女诗人，她非常爱惜人才。

罢官与以死护法

徐有功在司刑寺的任上供职三年。在这三年间，他纠正了数百件冤假错案，救活人命若干。三年任满后，被调至刑部任员外郎，后又升为刑部郎中（从五品），负责复核司刑寺的判决，并亲自参与大案的审理。在徐有功上任后不久的一天，他的顶头上司周兴交给他一份案卷说："此宗案是原道州刺史、旧唐宗室李仁褒兄弟的谋反案，司刑寺已判之为谋反罪，你拿去看一看……"

徐有功接过案卷细细地看。他看后就对周兴说："兄弟俩练武、比射术，怎能定为叛逆谋反，这不是太冤枉人了？应该马上纠正！"周兴却冷冷地一笑说："李仁褒兄弟都是旧唐李氏宗室的人，你知道圣神皇帝最恨的是谁吗？管他们练武也罢、比射术也罢，他们今天动刀动枪比武，明天就会带兵谋反，定他们谋反罪有什么错？不杀他们杀谁？"

徐有功嚷道："难道练武、比射术就能推论定谋反罪？天理何存？国法何在？难道皇帝就可以不凭事实说话？"说着说着，两人便争执起来。其实周兴与来俊臣等人不同，他原是秀才出身，读过不少律法书籍，是一个善于构陷大狱的人。周兴以刑部侍郎的身份压制徐有功，并写成一状尽述徐有功的诬告之词，上奏武则天，说徐有功有某种政治动机，强调"故意轻判反囚李仁褒兄弟，罪当不赦"。周兴还说："汉朝的律法就有规定，附下罔上者斩，当面欺者亦斩。古经上有记载：'故意错误解析破坏法律者杀。'徐有功有意袒护谋反之贼，正合死罪，请陛下将徐有功下狱查审。"

虽然武则天对徐有功有讨厌的一面，因为他经常与她争辩，阻碍自己达到除尽复唐势力的目的，但他忠心守法护法，而且很有才干，所以对他更多的是欣赏的一面。听周兴说要杀他，可她目前还没有这个打算，于是便下诏：禁止逮捕审讯徐有功，只可罢免他的官职，削职为民。

徐有功这次与武则天连当面争辩的机会都没有，他在家中接旨以后便被除去了乌纱帽。不过武则天对徐有功还是另眼相看的，要不然任由周兴发落，不判死罪也将被打个半死。

周兴对徐有功的构陷并没因皇帝的插手而停止。他派出了许多眼线暗中监视徐有功的一举一动，特别注意其是否与李氏宗室和旧臣有来往。如果徐有功稍有不慎，就将被诬告为谋反同党而处死罪。从这一案例可知，徐有功在上有武氏作威、蓄意威吓，下有酷吏网罗诬告和跟踪的情况下执法守正、维护法律的公正和严肃，是何等之难！

不料徐有功被罢官后不到半年，屡屡通过诬病他人来邀功以获升迁的周兴，也被人指控"谋反"下狱，审理他的便是来俊臣。来俊臣以"请君入瓮"的方法，威吓周兴承认谋反罪名。周兴受不了酷刑只得认罪，倒是武则天不同意把为她"尽忠"多年的周兴处以斩首。她将斩首改为流放，不过周兴在流放途中还是被仇人杀了。周兴的死解除了监视徐有功的一双双眼睛。长寿二年（693 年），武则天又重新起用徐有功，任命其为左肃政台侍御史，他推辞不成，只得就任。

徐有功任侍御史后，在润州（今江苏省镇江市）发生了一起"庞氏案"。庞氏原是唐中宗李显的岳母、德妃娘娘的母亲、润州刺史窦孝谌的妻子。自从女儿德妃被武则天杀死后，庞氏一直心神不宁，抑郁成疾，自以为被鬼怪缠住了身。庞氏听从一名奴仆的话，在夜间焚香祈祷驱鬼。然而，这一焚香驱鬼的事却被家仆告发，说她每夜焚香诅咒武则天早死。

武则天自从杀了德妃以后，正找不到德妃亲人的"谋反"把柄和不轨行为。酷吏薛季昶得知庞氏焚香驱鬼之事后，为迎合女皇的心意便捏造庞氏为"不道"罪，将庞氏判为死刑，家属也"缘坐"，流放三千里。徐有功得知后，他也知道这是武后的旨意，很难挽回。可他想：像这样草菅人命，国法何存？我既然做了侍御史就应向皇上进谏，权大于法的现象不能再继续下去，我纵然一死，也要护法！

于是徐有功直奔宫殿，向武则天奏道："陛下，依照微臣查访，庞夫人无罪。如滥杀一个无辜之人，不仅使天下人嗤笑，而且关系到大周的法律法度。请陛下三思。"武则天一听徐有功为她的心腹之患德妃的母亲庞氏辩护，刹那间火冒三丈，十分恼怒。此时站在她身旁的薛季昶，又乘机小声道："万岁，法律规定，凡是为罪人强词夺理辩护的，也应杀头。徐有功为死囚辩护，目无皇上，应定为'党援恶逆'罪，理应立即推出斩首。"薛季昶的一番话，对正在气头上的武则天来说无疑是火上浇油。于是，她立即下令将徐有功轰出宫殿，令司刑寺治罪。司刑寺很快便给徐有功定了"党援恶逆"罪，判处其死刑。

徐有功有位好友悄悄跑到他家，将此消息告诉了徐有功，流着眼泪叫他早做准备。徐有功听后坦然地说："不要哭，难道这世上只有我一个人会死吗？我为维护国家的法律和公正，为无辜者、为法律说话，权不能大于法呀！我为执法、护法而死，死而无憾！"

徐有功若无其事地陪同那位朋友吃了饭。睡过午觉后，抓捕他的人来了，他坦然走向刑场。

正要行刑之时，突然武则天遣人召唤徐有功进宫。原来，徐有功被押赴刑场的消息轰动了京城。经老臣们的仗义执言和陈词辩护，武则天才意识到徐有功罪不当诛。徐有功被带回宫后，武则天责问他："你审理案件，为什么有那么多重罪轻判？"

徐有功回答说："重罪轻判，是我的小过；爱惜人的生命，是圣上的大德。如果陛下弘扬圣人的美德，那么天下人将十分幸运！"武则天沉默不语，却明白徐有功的做法是为江山稳固着想，而获得好处的是她自己。于是，她下旨免去了徐有功的死刑，仅革除其官职，流放边疆，同时免除了庞氏的死罪，改判远地流放。

徐有功又一次为法律守正，以死护法，制止了又一起冤案的发生，真可谓是可歌可泣、感动天地。

清官公天下之法

徐有功对任何人都出于公心，他心胸开阔，依法办事，为正义不计个人得失，不计私怨，即使对待诬陷他的仇人也是如此，能做到不计前嫌、竭力救人，而且想尽方法以求其不死。

例如，徐有功曾与同僚皇甫文备一起审理了一桩谋逆案。此后，皇甫文备诬告徐有功袒护逆党，当处死罪，但查无实据，终被赦免。后来，这个皇甫文备居然自己犯事被罢官下狱，徐有功却设法为其辩护，多方救他出狱。

有人问徐有功："此人曾陷你于死罪，而今你反要救他的命，这是为什么？"

徐有功说："文备告我偏护逆党，是出于他的私怨。现在文备所犯之罪，按照法律不当死，我是秉公执法，岂可因私怨而损害公法呢？"

徐有功就是这样一个人。

有一个叫韩纪孝的人，在英国公徐敬业手下当差。后来朝廷审理徐敬业谋反案时，韩纪孝已经死了，但负责审理此案的顾仲琰却要求籍没韩纪孝的家产，武则天予以认可。

此案转到徐有功手上。徐有功抗辩说："徐敬业谋反前，韩纪孝已经死了，他就不应该再受到追究，更不应该株连其他人。"由于徐有功的公正严明和执意坚持，武则天终于被说服了，因此而获得宽恕的百姓就有几十人。

徐有功曾经对自己的亲人说："今身为大理，人命所悬，必不能顺旨诡辞，以求苟免。"徐有功审案，就是那样卓然守法，虽死不移。

有关徐有功刚正不阿、守法护法的事例很多，他在司法任上工作了 15 年，就有三次被控告死罪（其中一次改为流放），而他却泰然不忧；三次被赦，也不阿谀奉承，仍然矢志不渝；二次罢官，复出后仍一心执法守法。对于自己三次因守法护法蒙冤，他坦然地说："将死，泰然不忧；赦之，亦不喜。"这等心里只装着百姓和法律的崇高品德，实在可贵。连武则天也被他的忠贞和勇气折服，并十分看重他。待她坐稳了帝位后，又将被流放的徐有功召回，任其司刑寺少卿。当时人们赞颂徐有功"听讼惟明，持法惟平"。

在任法官之后，徐有功执正大案六七百件，救人数以万计。他既不为己谋利，也不为君主之私欲所动摇，他守的是公天下之法、无私念之法。正因为徐有功是一位刚正不阿的清官，他才能在种种诬陷和冤枉中傲然挺立，使频频弹劾、推审他的酷吏找不到他与案犯有什么特殊关系。

公正、忠诚、无私、才干和勇气，是徐有功成为古代最优秀法官的主要原因，他因此受到了历代人民的赞颂和爱戴。他先后审阅大理寺案件一万多卷，首先以国家法律法规为依据，不轻信卷宗记录，不轻信口供，注重调查研究，注重事实。纠正冤假错案上万件，让举国上下都知道了徐有功赤胆忠心为百姓。

徐有功一生廉洁奉公、秉公执法，处处为人民办好事办实事，深受人民的爱戴，因而也难免得罪了酷吏、奸臣，他频繁遭到弹劾、推审。但是，由于他坐得端、行得正，最终构陷他的人找不出他贪赃枉法、营私舞弊的证据。

尽管如此，他仍然矢志不渝，从不阿谀奉承，一心执法守正，处处想着人民，一身正气，两袖清风。景龙三年（709年），徐有功卒于任上，享年68岁。徐有功是历史上罕见的一位名垂青史的专职法官，被世人称为"自古无有"的好法官。①

廉政智慧

加强思想道德修养，坚守底线、明晰边界，心中高悬法纪明镜、手中紧握法纪戒尺，知晓为官做事尺度，有所为，有所不为。

---

① 本章内容参考《隋唐嘉话》《新唐书·卷一百一十三·徐有功传》。

廉政教育

要坚持法治、反对人治，对宪法法律始终保持敬畏之心，带头在宪法法律范围内活动，严格依照法定权限、规则、程序行使权力、履行职责，做到心中高悬法纪明镜、手中紧握法纪戒尺，知晓为官做事尺度。

——习近平在参加十三届全国人大一次会议重庆代表团审议时的讲话（2018 年 3 月 10 日）

廉政点评

仗义执言，敢向黑恶势力叫板

自古以来，有谁曾三次被皇帝下令处死？在封建社会，皇帝权力至高无上，他要让谁死，谁就定死无疑，何况三次？然而，历史上的徐有功就有三次被皇帝赐死的奇特经历，不但当时没有死，而且过后还被提升。

武则天临朝称帝，任用酷吏，屡兴大狱，宗室、朝廷被牵连冤杀者甚多。特别是周兴、来俊臣等酷吏贪赃枉法，结党陷害无辜，前后被其灭族、冤死者多达1000余家。公卿大臣都很惶恐，没有一个敢直言的，都害怕株连自身。唯有司刑丞徐有功刚正不阿，主持正义，秉公执法，凡皇帝下诏让他审理的案件，他皆审议开脱，前后挽救数百家人的性命。

为了打击邪恶势力，伸张正义，平反冤案，逐步革除酷刑逼供的弊端，徐有功冒死向武则天上疏，批评当时刑罚的严酷。他说："自皇上即位以来，使用法律十分森严。现时审理案件，全用酷刑，妄加判断。臣请按实查核，如查得冤案，请依法对审案人治罪，削职降职，以促其自觉。至于三司受表，理匦申冤，如不速加裁夺，致令案件拥塞，有理不为申雪的，也望批准前奏，降级削职。臣承蒙提拔，无法报答皇上，但愿以执行法纪来报答恩惠，决不姑容诡诈，决不畏惧强暴。即使因此而遭不测，也心甘情愿。如蒙允纳，即请下令执行，庶几不到旬时，也就可以革除弊端，使天下人民都幸福。"徐有功常常对人讲："身为大理，人命所关，决不能只顺圣旨去说谎话，以求自身的安逸。"徐有功在历任狱官期间，曾多次为冤枉者请命，以致自己三次被皇帝下令处死。但他秉公执法，坚定不移，使酷吏日渐减少，老百姓拍手称快。

徐有功的廉政大智慧是仗义执言，敢对黑恶势力叫板，同时坚持维护法律的严肃性，制止了各种冤假错案的泛滥。他那不屈不挠的工作作风对现在的扫黑除恶有着极强的榜样作用。可是，面对黑恶势力，有的党员、干部思想意志不坚定，害怕被"扫击报复"，于是打击黑恶势力只"亮剑"不打击，做做面子功夫，流于纸上谈兵。有的党员、干部担心扫黑除恶影响当地形象和投资环境，影响个人政绩和仕途，不同程度地存在不愿打、不敢打、不真打、不深打等问题，助长了黑恶势力的嚣张气焰。

新时代党员、干部应像徐有功那样，情为民所系、利为民所谋，公正执法、执法为民，坚决不能与黑恶势力狼狈为奸、沆瀣一气，致使社会秩序遭到破坏，正义难以伸张，群众合法权益得不到有效保护。只有铁面无私，才能让黑恶势力及其权力保护伞被党纪国法一网打尽。对于某些地方在扫黑除恶专项斗争中查处不力的失职和渎职犯罪行为，必须坚决地保持零容忍，决不能让权力保护伞逍遥法外，决不能让权力保护伞成为官场上的不倒翁。只有充分发动和依靠群众，才能让黑恶势力彻底失去生存的土壤和环境。站在斗争的前面，依法严厉打击，根除黑恶势力，让黑恶势力感受到扫黑除恶的澎湃态势，震慑黑恶势力的嚣张气焰。

五

铁面无私
不附权贵，
廉洁公正，

——包拯：史上最有名的清官

包拯（999—1062），字希仁，庐州合肥（今安徽省合肥市）人。提起包拯的名字，几乎无人不知，因为后世以"包青天"之名视他为清官的典范。他的那些几乎神化了的审案故事，早已为人们所熟知。

他从青少年时代起就开始立志要为国家出力，"竭忠死义"。包拯仕途的起点是知县，后历任知府、转运使等地方行政长官，担任过监察御史等监察大臣、户部副史等掌理国家财政的高级官员，出任过都部署等军事要职，当过外交使节出使辽国。最有名的是做过天章阁待制、龙图阁直学士，所以后人称他为包待制、包龙图、包学士。包拯在开封任知府虽仅一年多的时间，但他死后，开封百姓却在开封府衙旁边建了一座包公祠，以纪念和供奉他。

包拯一生清廉简朴，从不讲究排场，即使做了大官，穿着仍与布衣时一样；对贪污深恶痛绝，在给仁宗的奏疏《乞不用赃吏》中说："廉者，民之表也；贪者，民之贼也。"他一生严于律己，身体力行，他在端州任知州时整顿吏治，打击贪污，深受百姓欢迎，离任时人们悄悄送他一块好砚，他发现后给留在当地，"不持一砚归"传为佳话；他一生铁面无私，不避权贵，执法如山，对皇亲国戚、官宦权贵的不法行为，一律极力主张绳之以法。大力平反冤案，是包拯生前与死后深为百姓所赞扬和称颂的主要内容。

包拯在当时和后世都享有盛名，特别在死后，作为典型的清官形象被不同体裁的文艺作品竞相描写，使之平添神奇色彩。随着国际文化交流的开展，包拯这个历史人物和艺术形象还赢得了世界的声誉。虽然史料中的包拯与艺术作品中的形象有差异，但包拯的一生既得到封建社会最高统治者的赏识，也受到处于水深火热中的下层人民的拥护和爱戴。作为清官，包拯确实是非常典型的。

史载包拯是楚国忠臣申包胥的第35代孙。祖父包士通是平民百姓，读书耕田。父亲包令仪，太平兴国八年（983年）进士，官至刑部侍郎，与北宋时期政治家、宰相文彦博的父亲文洎一同供职朝廷中，两人结为至交。所以，包拯与文彦博的关系特别亲密，后结为儿女亲家。其父亲包令仪退休后返回原籍，赠太保；母宣氏，赠冯翊郡太夫人。包拯兄弟三人，长兄包莹、二兄包颖都早逝，只有包拯一人为包家传宗接代。他家境殷实，所以从小受到了良好的传统文化教育和熏陶。

身世与清廉仕途

天圣五年（1027 年），包拯 28 岁，考中了进士。按照宋朝的制度，考中进士就可以当官，但包拯是个孝子，他信守圣人"父母在，不远游"的教诲。朝廷任命他为"大理评事"，大致相当于现在的法院陪审员，级别很低。接着，又任命他为建昌（今江西省永修县）知县。由于父母年事已高，不能随他一起到江西赴任，包拯只好放弃这一官职，留在家里，侍候父母，直到 36 岁时父母亡故后才正式出任天长县（今安徽省天长市）知县。景祐三年（1036 年），在知县任上，他断了一个奇案，于是声名远扬。38 岁升任知州，他清正廉洁，受到上司重视和百姓称赞。之后，包拯便开始朝廷重臣的政治生涯。

包拯做官以断狱英明、刚直而著称。在任庐州知州时，他执法从不考虑当事人与自己关系的亲疏，一视同仁。在开封时，他主张开官府正门，使告状的人得以直至堂前自诉曲直，杜绝奸吏的操纵和影响。他为官刚毅，贵戚、官宦都怕他，不敢随便干坏事，所以京师有"关节不到，有阎罗包老"的说法。铁面镜心，清正名声，包拯作为一代清官千古留名。

包拯在端州郡斋壁上题写了他平生唯一的一首五言

律诗：

　　　　清心为治本，直道是身谋。

　　　　秀干终成栋，精钢不作钩。

　　　　仓充鼠雀喜，草尽兔狐愁。

　　　　史册有遗训，毋贻来者羞。

　　这首自律诗的大意是说，做人要光明正大，就像秀挺的木材应该做房屋的栋梁，精炼的钢材绝不应去做钓钩，我应该做一个无愧史书教诲的清官。

　　包拯一生仕途畅通，他一步一步地升官，一直升到监察御史。他建议练兵选将、充实边关的军备。奉命出使契丹回来后，担任三司户部判官，京东、陕西、河北路转运使。入朝担任三司户部副使，请求朝廷准许解盐通商买卖。改任知谏院，多次弹劾那些揽权而得到皇帝偏信的大臣。被授予龙图阁直学士、河北都转运使，先后去瀛州（今河北省河间市）、扬州、庐州及池州任知事，再被召入朝，先后任开封知府、御史中丞、三司使等职。嘉祐六年（1061 年），任枢密副使。

　　包拯做官以清廉为首，与贪腐绝缘。他离任端州（今广东省肇庆市）知州时的一件事为后世传诵至今。端州出产一种名砚，是朝廷钦定的贡品，与湖笔、徽墨、宣纸并称为"文房四宝"。以往在端州任职的知州，总要在上贡朝廷的端砚数目之外再多加几倍，作为贿赂京官的本钱。包拯上任之后，一改既往陋习，决不多收一块。离任时，就连他平时在公堂上用过的端砚，也造册上交了。包拯升官离开端州时，他的船在羚羊峡口遇到一阵奇怪的大风雨，他亲自下舱检查，发现船舱里私藏了一块端砚，这是当地百姓悄悄送给他的。包拯一言不发，将那块上好的端砚丢入江心。据民间传说，现在肇庆市西江中名叫砚洲岛的江心岛，就是当年包公抛下端砚的地方，下游的黄布沙则是包装端砚的那块黄布。

屡断难案、奇案

当年地方官的主要职责之一是审理案件，相当于今天的法官。包拯一生审理了无数的案子，由于他的认真与秉公，许多难案、奇案都在他的手中得到正确判决。这使他成为审案的典范，甚至出现了"日审阳间，夜审阴间"的传说。

智断伯母不认亲侄案

有一天，包公受理一起侄子告伯母骗取文书、不认亲侄的案子。原来，在东京汴梁西关外的定坊，有户人家，哥哥刘天祥，娶妻杨氏。这杨氏乃是二婚，带来一个女儿，到刘家后再没生养。弟弟刘天瑞，娶妻张氏，生得一个儿子，取名安住。刘天瑞在安住两岁时，就给他定了娃娃亲，女方是邻居李社长家的小女儿。大嫂杨氏打算待女儿长大后，招个入赘女婿，多分些家产。因此，她把刘安住当成眼中钉。

这一年，东京地区大旱，颗粒无收。官府发下明文，让百姓分户减口，往他乡逃荒。刘天瑞考虑到哥哥上了年岁需要照顾，不宜远行，决定自己携妻儿背井离乡去逃荒。刘天祥就请邻居李社长写下两张文书，把所有家产写在上面，以做日后见证。兄弟俩各执一份，洒泪分别。

刘天瑞带上妻儿，来到了山西潞州高平县下马村。房东张员外夫妻为人仗义疏财，虽有许多田产，却无儿无女，见年方 3 岁的刘安住眉清目秀、乖觉聪明，就将其收为义子，对刘天瑞像骨肉兄弟一样善待。但是不久，刘天瑞夫妇染上疫病，几天后相继去世。刘天瑞临死前掏出一纸文书，将儿子托付给张员外。

一晃，刘安住 18 岁了，为使父母尸骨归乡，他决定回老家安置。张员外就把文书交给他。刘安住直奔东京汴梁，一路回到刘家门前，只见一位老妇人站在那里。那老妇人正是伯母杨氏，这么多年来她独占家财之心不死，就骗取了刘安住的文书，然后翻脸不认侄子，抄起一根木棒就要撵他走，打得刘安住头破血流。

邻居李社长闻声而来，问刘安住："那文书既被她骗走，你可记得上面写的什么吗？"

刘安住一字不差地背了一遍。

李社长说："我是你的岳父李社长。"他当即写了状词，带着刘安住来到开封府告状。

包拯接了状纸，便传令拘刘天祥夫妇到了公堂，责问刘天祥："你是一家之主，为何只听老婆的话不认亲侄子？"

刘天祥回答："小人侄儿两岁离家，一别十几年，实在不敢贸然相认，仅凭文书为证。而今他和我妻一个说有，一个说无，我一时委决不下。"

包公又问杨氏，杨氏一口咬定从未见过文书。包公假意愤然对刘安住说："他们如此无情无义，打得你头破血流。大堂上，本官替你做主，你尽管打他们，且消消你这口怨气！"

刘安住流泪道："岂有侄儿打伯父伯母之理？小人为认亲葬父行孝而来，又不是争夺家产，决不能做出为了出气而做责打长辈的事。"

包公自有几分明白，对刘天祥夫妇说："本官明白这小子果然是个骗子，情理难容，改日定将严刑审问。"命刘天祥夫妇先回去，而将刘安住押至狱中。

第二天，包公一面让衙役四处张扬："刘安住得了破伤风，活不了几天了。"一面派差役到山西潞州接来张员外。

几天后，包公传张员外和杨氏等人到了公堂。张员外为刘安住及其所持文书做证，所言句句合情合理，杨氏依然胡搅蛮缠死不认亲。于是，包公传令带刘安住上堂。不料差人却来禀报说："刘安住病重死在狱中。"众人听罢大惊，只有杨氏喜形于色。包公看在眼里，吩咐差人即刻验尸。

一会儿，差人回报："刘安住因太阳穴被重物击伤致死，伤口四周尚有受伤的痕迹。"

包公说："这下成了人命案。杨氏，这刘安住是你打死的。如果他是你家亲侄，论辈分你大他小，纵然是打伤致死，不过是教训子侄而误伤，花些钱赎罪，不致抵命。如果他不是你的亲侄，你应知道'杀人偿命'吧？你身犯律条，死罪当斩！"即命左右将杨氏拿下，送到死囚牢中。

此时，杨氏吓得面如土色，急忙承认刘安住确是刘家的亲侄。包公问："既是你家亲侄，有何证据？"杨氏只好交出那张骗得的文书。包公看后，差人叫刘安住上堂。刘安住接过包公出示的文书，连称"青天"。杨氏方知中计。包公提笔判决此案：表彰刘安住的孝道和张员外的仁义；杨氏本当重罪，准予罚钱赎罪；刘氏家产，判给刘安住继承。

这个离奇曲折的案子告破，包拯的英名盛传开来。

陈州粜米赈灾惩贪官

仁宗年间，陈州（今河南省周口市淮阳区）大旱，发生饥荒。户部尚书范仲淹上殿奏本，保荐龙图阁大学士兼开封府尹包拯到陈州粜米赈济。原先朝廷已派了两个官员去陈州办理赈济事宜，这两个人都是当朝权贵刘衙内的亲属，一个是他的儿子，一个是他的女婿。他俩在陈州贪赃枉法，鱼肉饥民，还打死了饥民李大胆，搞得陈州百姓怨声载道，民不聊生。所以范仲淹奏请包拯前往陈州查处。

刘衙内素知包拯清正，铁面无私，所以于半夜来访，假惺惺地说道："陈州饥民多亡命之徒，包大人此番出赈，可要当心。"他的本意是想吓退包拯，不去陈州。

包拯严正答道："为国效劳，为民解难，乃我辈本分，何惧之有？"

刘衙内见劝阻无效，便改口说情："包大人此去陈州，还望能对我儿、婿加以照应。"

包拯答道："这个我心中有数，感谢你今天来向我传递消息，将来有甚事情，我也会派人向你传递消息，以作回报。"说罢当场送客。

刘衙内虽然没得到包拯什么确切保证，但心想若能随时得知陈州消息，倘有不测，还有回旋余地，便称谢告辞。

包拯带了差役王朝赶往陈州。将近陈州地面时，包拯换上民服先行，吩咐王朝随后赶来。包拯一身乡民打扮，混入饥民之中，来到衙门购买赈米。只见刘衙内子婿两人高居公案之后，督促差役粜米。名为粜米，实为盘剥，在米中掺入大量泥沙，提高价格，克扣斤两，使饥民不堪其苦，饥民若稍有不好听的话，便棍棒相加。包拯实在看不下去，高声喊道："身为朝廷命官，竟敢如此荼毒百姓，天理何存？"

刘衙内的子婿见一个黑脸饥民敢当众发难，不由得气怒万分，喝道："你给我住口！先前有个李大胆，今天又来了黑大头，我让你们一样下场！"便吩咐差役将包拯吊在树上。

正在这时，手持金牌、背插宝剑的王朝赶到，两个贪官忙迎接钦差。

王朝说道："包大人先我而来，不知现在何处？"两个贪官面面相觑地说："下官不曾见包大人来过。"王朝眼快，看见大树下正吊着包拯，忙疾步上前，亲手松绑。两个贪官这才知道"黑大头"原来就是铁面无私的包大人，忙着上前恭请包拯坐上公案。

包拯一拍惊堂木喝道："尔等贪赃枉法，荼毒饥民，我不但亲眼所见，而且亲身经历，还有何话可说？"两个贪官连连谢罪认错。

包拯道："既然知罪，写下伏罪状来。"两个贪官当即写了伏罪状，并签字画押。

在场饥民见包拯如此清正，声声齐喊："包青天！"其中，被两个贪官屈打致死的饥民李大胆的儿子悲愤交加，率众饥民欲将两个贪官当场打死，以泄民愤。包拯对饥民的举动深表同情，但咆哮公衙、击毙官吏毕竟是有罪的，他就暂且将李大胆的儿子收押在监，等送报朝廷后再作处理。

包拯在发出奏折前，先叫王朝向刘衙内暗通消息，让他将陈州发生的事稍作改动说道："两官员贪赃枉法已经查实，被下在狱中。但饥民作乱，为首者已被当场处死。"

刘衙内听了，又忧又喜，又恨又急：忧的是子婿已获罪；喜的是幸亏提早得到消息，局面尚可挽回；恨的是饥民作乱；急的是时间仓促，刻不容缓。他自恃皇上宠信，便连夜进宫见驾，在皇帝面前花言巧语、颠倒黑白。皇帝果然听信了他的谗言，下了一道圣旨："活的赦罪，死的不赦。"这样就完全达到了刘衙内的愿望，既可救了他的子婿，又可镇压作乱的饥民。刘衙内亲赴陈州，当着包拯的面宣读圣旨。

包拯当场问道："赈济两官员何在？"

众差役答道："已经死了。"

包拯又问："饥民首领何在？"

众差役答道："押在狱中。"

包拯宣判道："奉圣旨，两贪官理该处死，不准赦其罪；李大胆之子，为父报仇是义举，应予释放。"这一宣判，使得知消息的刘衙内当场昏厥在地，从此一病不起。

处理这起案件后，包拯在陈州依法粜米，解救饥民于水深火热之中；整顿吏治，使社会复趋于安定平稳。包拯的声誉更高了。

巧断"钉鼻杀夫"疑案

自在陈州查处贪官之后，全国皆知开封府尹包拯断案刚正，但有一案让他踌躇：有个叫毛勤的人猝然死亡，族人因其死得蹊跷便状告到开封府。包拯将毛妻冬花传讯至公堂，冬花虽言词哀切，但面露妖冶之态，外着丧服，内套红袄，分明具有杀夫嫌疑，但她声称丈夫是因"气鼓症"死亡。

包拯问道："既然患气鼓症，可曾请医治疗？"

冬花回答："丈夫命薄，没等请到医生，就已气绝身亡了。"

包拯便命仵作廖杰开棺验尸。廖杰经验丰富，但从验尸结果来看，虽然毛勤的死状异样，但并未发现被人谋害的痕迹。廖杰回到家中，总是想着白天的案子，不知怎样向府尹汇报，翻来覆去就是不能入睡。

妻子阿英见丈夫心事重重，便问道："你可曾验看过那尸体的鼻子？"

廖杰反问说："验那鼻子能怎样？"

阿英说道："鼻子内可能大有文章，倘若从鼻子中钉上尖利的钉子，直通脑门，那不就能不留痕迹而致人死亡吗！"

廖杰听了将信将疑，忽然觉得有些道理，便起身连夜再去复验尸体，果然见到毛勤的鼻孔内有两根铁钉，于是真相大白，便将死者的妻子冬花缉拿问罪。冬花抵赖不过，承认串通奸夫谋害亲夫。

事后，包拯询问廖杰说："冬花作案手段奇特，你是怎样想到验看尸体的鼻孔呢？"

廖杰回答说："那是小人的妻子提醒的。"

包拯说："请你妻子来府，我要当面谢她。"

第二天，廖杰高兴地带着妻子到府里领赏。包拯像是熟人一般接待，对阿英端详了一会儿，便开口问道："你嫁给廖杰几年了？"

阿英答道："我们系半路夫妻，只因我前夫暴病死亡，才改嫁廖杰为妻的。"

"你前夫的名字可叫路才？"包拯突然问。

阿英惊奇地问："大人，您是怎么知道的？"

包拯说："路才暴死一案，曾由县衙呈送本府，我昨晚查阅卷宗，得知县衙已对此案作了正常病故的结语。但我觉得此种结语颇存疑问。"

阿英听了面露惶恐之色："大人以为……"

包拯严肃地说："本府认为，路才是被人从鼻孔中钉钉谋害的。"

阿英听了脸色都白了。

廖杰奉命前往路才墓地，掘墓开棺，虽然尸体已腐烂，但在鼻孔部位露出两根已生锈的长钉。

包拯继续审理路才案件，他对阿英说："想你一个平常女子，如何懂得鼻孔钉钉的奇特方法，除非有过亲身经历，才能一语点破。"

阿英本来已经心惊肉跳，此时只得如实招供：原来她也是个水性杨花的女子，在与路才结婚之后，经常与人姘居。姘夫是个惯犯，与她合谋用铁钉钉鼻之法害死路才，后来那姘夫在一次斗殴中被人杀死，阿英才改嫁廖杰。

廖杰听了这些从未听说过的事，如梦初醒："想不到这女子竟是这般蛇蝎心肠，若不是包大人明察秋毫，我也几乎做了她的砧上之肉。"阿英懊丧不已，她说："若不是我多言多语，此案也断不能破。"

包拯正色道："你说错了，作案的人，总是心存侥幸取巧，那只能蒙蔽一时，不能长久隐藏，终有一天会暴露出来，自食恶果。这就是天网恢恢，疏而不漏！欠债还钱，杀人偿命。来人啊，将阿英就地正法。"

巧审哑巴告兄侵财案

开封府有个哑巴，每逢新知府上任，他都献上一根木棒，任官责打。包拯上任后，他又来献木棒。包拯想：如果他没有冤情，怎肯屡屡无罪吃棍棒呢？无奈哑巴口不能言，手不能写。包公心生一计，用猪血涂在哑巴臂上，又以长枷把他枷到街上示众。暗地里差几个心腹跟随其后，见有人替他鸣冤叫屈，就传其上堂。一会儿，果然在围观者中有个老头大声感叹，像是为哑巴叫屈，于是当差的将他带到包拯面前。老人说："这人是我村的石哑子，从小不能说话，只是耳朵还好使，他被哥哥石全赶出，万贯家财，一分也不给他。他每年告官不能申冤，总被杖责，今天又被杖责了，小的因此感叹。"

包拯传唤哑巴的哥哥石全到府衙，但石全不承认哑巴是他骨肉兄弟。待石全走后，包拯教哑巴说："你以后撞见你哥哥，就去打他。"哑巴眨巴着眼睛，看上去有些害怕。

包拯说："你就照我的话去做好了，本官可为你做主。"一日，被打得头破血流的哥哥来告哑巴，说他不遵礼法，殴打亲兄。

包拯问石全："哑巴如果真是你亲弟，他的罪过不小，断不轻饶。如果是外人，只作斗殴论处。"

石全说："他确实是我同胞兄弟。"

包拯喝道："既是你亲兄弟，为何不将家财分给他？你分明是居心独占！"石全无话可说。包拯即差人押他回家，将所有家财各分一半。

怒打青石板，巧断谋财害命

包拯在定远县任县令时，常常微服私访。

有一次，包拯带着衙吏正经过某山冈时，见前面草丛上方苍蝇乱飞，且有一股血腥臭味飘来，便令衙吏察看。原来是草丛里躺着一具男尸，身体已经腐烂，面目难辨，背上压着块大青石板，肩上还搭着只马褡裢子，内有木制"宋记"印戳——原来是个买卖粗大布的。查问地保，知本地没有姓宋的贩布商人。

包拯断定这是谋财害命的案子。那么杀人犯是谁呢？

第二天，包拯贴出布告，说要在大堂之上审石板。大家觉得好奇，都到堂上看稀奇事。那块青石板正放在大堂中央，铁面无私的包拯喝道："大胆石板，竟敢谋财害命，目无国法，给我狠打四十大板！"差役扬起板子，狠狠向石板打去，一阵噼噼啪啪，震得差役虎口疼痛。大家见状，都忍不住笑出声来。

包拯斥责道："本县断案，大堂上理应肃静，你们竟敢喧哗公堂，该当何罪？"众人见包拯发怒，一齐跪下，口称"知罪"。

包拯说："那好，你们讲，愿打还是愿罚？愿打，每人打四十大板；愿罚，每人具保画押，限定三日，交上三尺大布。违者严惩！"众人谁都怕打，都说愿罚，可心想：包大人真有意思，找不到凶犯，让众人来献一条孝布。三天之内，近街、远集的粗大布被一购而空。

包拯的手下一边收布，一边核对布头上的印记，竟发现不少人交的粗大布上有"宋记"印戳，与死者的印戳丝毫不差。经查问知是某布庄的。当即把该布庄老板抓来。老板一见死者的印戳，面如土灰，只得供认：死者宋某从外地收购粗大布，盖上印戳后寄存在他那里。布庄老板谋财害命，但匆忙之中忘了毁掉马褡裢子，于是案破。

巧用片语破解涉牛案

包拯在天长县刚任县令时，曾审理过两桩涉牛案。那是春耕时节的一天，东村农民王某和张某在田里同耕，休息时坐在田坎上闲聊，让两头牛在坡上吃草。一会儿，两头牛便抵起了角来，王某和张某没当一回事，在一边看热闹，谁知王某的牛竟把张某的牛抵死了。

这下两个好朋友翻了脸，张某告到县衙门，要王某赔牛。那时包公还没上任，前任白县令审案时想：判赔，王某吃亏；判不赔，张某吃亏。左思右想，没法把案子判得公平合理，只得把两人收在监里。

正当包拯上任，听说有两个农民在监里骂人，提出来一审，知道事情的原因，就哈哈大笑地对他们说："你们本是一对好朋友，只是漫不经心任由牛抵角死亡，以致朋友反目成仇，这实在是不应该。今天本官劝你们言归于好。"说罢，提笔写了十六个字：二牛抵角，不死即活；活牛同耕，死牛同剥。两个农民听完判决，都说这样公平合理，谢过包拯，携手走出公堂。

谁知那两人刚走，又来一人报案。那是西村农民，名叫刘全。当天早晨他正要牵牛下地干活儿，来到牛圈，不禁大吃一惊：原来他的大黄牛满口鲜血淋淋，那牛舌头不知被谁割掉了。他心疼得哭了一场，急忙来县衙门求助破案。包公看了状子，心想：这很可能是刘全的仇人干的，就问他有什么仇人。

刘全表示，只有邻居李安曾经与他有过节。包公听后安抚刘全道："看来，这头牛是活不长了，你干脆把牛宰了，肉可以卖，我再资助你一些钱，这样你又可以再买一头牛了。"刘全感激地挥泪告别。

这边刘全刚走，包拯当即让衙吏贴出了一张禁止宰杀耕牛的布告："本县晓谕黎民百姓：为确保春耕春种，保养好耕牛，严禁私自宰杀。如有病牛，须请牛医诊治；诊治无效的，先报呈县衙，经查验后，方可宰杀。未经查验，擅自杀牛的，一律严惩不贷。有人捕捉到杀牛者，官府赏银三百贯。此布。"县衙出此布告，就是要引刘全的仇人出来。

第二天，刘全的邻居李安前来报告说，刘全擅自宰杀耕牛。包公想：村中的人一定都知道刘全宰杀的是残废牛，而这个自称刘全邻居的人明知杀残废牛而来告刘全，不就是诬陷好人吗？这人为了三百贯赏钱，肯定是个爱财如命的人，又和刘全的仇人同名。看来此人必定是偷割牛舌的人。一经审问，李安只得供认自己割牛舌而又来诬告的罪行。

包拯超精明的审案技术，早已在民间越传越神。他刚正不阿、无私无畏的性格，以及对家喻户晓的、涉及皇家内部矛盾的"狸猫换太子""怒铡陈世美"等大案所做果断和正确的处理，都成为中国人代代相传的佳话。

有胆识刚正做官

包拯是有史以来法官审案的典范，但更可贵的是他有胆识、刚正廉明的做官之道。他时常对朝政发表一些建设性的意见，让皇帝在许多重大决策中避免了严重的失误。许多年后，包拯对自己的这一段经历曾做过十六字的总结：披肝沥胆，冒犯威严，不知忌讳，不避怨仇。他请宋仁宗以魏徵给唐太宗的三道奏章为座右铭，时刻警惕，以国家大事为重，虚心纳谏，分辨是非，不要搞"先入为主"，偏听偏信，爱惜人才，除去苛政，严正刑禁，禁止妖言邪说，不随意大兴土木，如此等等，朝廷多采纳施行。包拯不仅是一个优秀的法官，还以实际行动表明他是一位合格的谏官，做了多件大事。

反对覃恩

覃恩是指皇帝广施恩泽。皇祐二年（1050年）九月，大涝之后天气放晴，仁宗皇帝认定这是吉兆，除了在京城举行祭祀天地的盛大庆祝外，还下诏大赦天下罪犯，给所有文武百官每人晋升一级。这就是所谓的"覃恩"。包拯对此提出异议，他对仁宗说："罪犯服刑，那是对他们以往犯下的罪行所给予的惩罚，怎么可以因为洪水退去而赦免他们呢？至于官员晋升，更是要考核他们的政绩。假如这样马马虎虎地随便升迁，对那些确有政绩的官员不是太不公平了吗？这样的话，以后谁还会勤勉地为朝廷出力呢？"宋仁宗认为这些意见很正确，接受了包拯的建议，收回了先前的诏谕。

三弹张尧佐

张尧佐是宋仁宗宠妃张贵妃的伯父，其人没有什么才干，却凭借张贵妃的关系官运亨通。最初，张尧佐被委任为三司使。包拯极力反对，向皇帝谏议说，像张尧佐这样的人，就连小官也没有资格做，更不用说三司使这样显赫的大官了。但是，仁宗不但不理会他的谏议，反而又加封张尧佐为节度使。节度使属封疆大吏，相当于当今省军区司令的级别。包拯非常痛心，继续上谏，坚持怒责张尧佐，可是仁宗仍然置若罔闻。到了第二年，张尧佐更是出任宣徽南院使，掌管内侍的户籍、郊外祭祀、朝会和宴会的操作与礼仪，以及官员的供奉等。包拯第三次向皇帝进谏，痛加陈词，甚至在朝廷上跟皇帝当面辩论起来，这次他终于迫使仁宗皇帝罢了张尧佐的官。

参倒张方平

三司使张方平利用自己手中的权力，假公济私。有一次，东京城一个名叫刘保衡的商人开了一间酒坊，经营不善，欠下官府的小麦，折合现钱一百多万贯，他一时拿不出。张方平下令刘保衡变卖家产抵偿欠债，同时，他又乘人之危，用极低的价格买下了刘保衡的家产。包拯获悉之后，大为震怒，认为张方平作为朝廷命官，却利用职权巧取豪夺，罪不容恕，于是上书皇帝，参了张方平一本。张方平因此被罢了官。

抨击宋祁

宋祁是一名诗人，但是文人无行。他在四川当官时，生活奢靡。每餐必须不少于三十六道菜，其中有十二道荤菜、十二道素菜和十二道半荤半素的菜。他还养着三十二名侍女，分别为他摇扇、捶背、敲脚。在他下榻的床边，每夜都有一名丫鬟通宵守候，照顾他的各种需要。宋祁又十分好色，稍有姿色的良家少女一旦被他看上，他必定千方百计地将对方纳为小妾。宋祁道德败坏，丑闻很多，却屡屡受到朝廷的重用。包拯对此非常不满，多次向皇帝上书，对宋祁的丑行大加抨击，朝廷终于罢了宋祁的官。

严惩张可久

淮南转运使张可久，利用职权，贩卖私盐一万多斤。这在宋代是一项很严重的罪行。案情被人揭发后，张可久被送交大理寺审理。按法例，贩卖私盐的罪行轻重，是依照查获私盐的数量来定刑的，数量越多定罪越重。张可久非常狡猾，每次贩卖私盐，数量虽多，但是转手迅速，从来不留仓储，因此被查获的数量并不多。大理寺在判刑时，也无计可施。包拯主张不能过分拘泥成法，要严判张可久。包拯说，张可久身为转运使，竟然目无法纪，公然贩卖私盐，这种罪行不能等同于一般老百姓，必须重判。在包拯的建议下，张可久受到严厉惩罚，被流放到边远的荒蛮之地。

力参任弁

任弁在担任汾州（今山西省汾阳市）知州时，利用职权，公器私用，役使一百多名兵士为他做私家工作。有的为他织造驼毛缎匹，有的为他做各种私人杂务。他的罪行被揭发后，累计占用的工役达二万三千六百多个。根据宋朝的法律，这是非常严重的罪行，案犯不仅要做出赔偿，罚铜十斤，还要被充军到三千里外的边疆去。宋仁宗体恤任弁对朝廷有功，御笔一挥，免去了他发配充军三千里外的刑罚。包拯上书据理力争，他说，作为知州这样的大官，知法犯法，不能随便减轻对他的惩罚。皇帝不得不收回成命。

七斗王逵

王逵是出名的污吏。他在出任地方官时，横行不法，随意增派各种名目的苛捐杂税，仅其中一次就多收了三十万贯。他用搜刮来的大量钱财贿赂京官，牟取私利。他的吏治手段非常残忍，并且随意杀害百姓。在他任湖南路转运使时，百姓闻风逃散，纷纷躲藏到深山密林的洞穴里，躲避迫害。老百姓对他恨之入骨，可是他受到朝廷宠信，官运亨通，甚至升到淮南转运使的高位。包拯为民请命，七次上书朝廷，要求罢免王逵。有一次，包拯在仁宗皇帝面前慷慨激昂，力陈利害，甚至无意之间把唾沫喷到了皇帝的脸上。在包拯的不断弹劾下，王逵终于被罢免了。

执法如山

嘉祐二年（1057 年），包拯被授以重任，出任北宋都城开封的知府。开封知府是一个极为重要的职务，以往一般都是由亲王、大臣兼任。历来京官难当：一是皇权可以随便干预地方事务；二是皇亲国戚都聚集在这里，仗势欺人，无理可讲。在北宋政权存在的一百多年间，出任开封知府的竟有一百八十多人，平均每个知府的任期不足一年。包拯在开封知府的任期内秉公理政，铁面无私，虽然得罪了不少皇亲国戚，但是因为他行得正、坐得直，谁也拿他没有办法。

怒斩包勉

在民间传说中，包拯的亲侄包勉担任地方官以后贪赃枉法，最终败露。案卷几经辗转，到了开封府包拯手上。包拯阅卷后，怒不可遏，但是又十分为难。因为包拯自小丧父，由包勉的母亲即包拯的嫂子一手抚养成人，所以他向来不叫"嫂子"，而尊呼"嫂娘"。嫂娘对他恩重如山，包勉是嫂娘唯一的儿子。在公私两难之中，包拯最终选择了大义灭亲，决然下令斩了包勉，然后再回到赤桑镇向嫂娘赔罪，以国法为重和做官必须清正的道理感动嫂娘并消除了嫂娘对他的怨恨。后世为了营造复杂的客观环境和矛盾的心理，把包拯的这段民间传说改编为其早年丧亲的名剧《赤桑镇》。

严惩贿赂

沈括的《梦溪笔谈》里记载了一个包公任开封知府时的判案故事。有个犯人过堂时，应受以杖挞脊背的刑。他想逃避皮肉之苦，花钱买通了一个府吏。那个府吏说："我是在知府面前记录供词的。你见到知府时，只管大声喊叫冤屈即可。"到了过堂那天，犯人被带到包拯面前，果然大声喊冤起来。那个受了贿赂的府吏说："这个犯人不知好歹，受过杖脊，就可以出去了，还大喊大叫什么？"包拯看了一眼，立刻看出了破绽。他把那犯人放走，叫手下把府吏拿住，一审之下，府吏供出真相。包公判他代替那个犯人承受杖脊的刑罚。

严管下属

包拯刚到开封府时，那里的吏人都想找他的麻烦。据宋人徐度所撰史料笔记《却扫编》记载，包拯刚上任，府吏们就想整他，每个人都抱着一大沓新旧相杂的文书向他"汇报"，其实是想把他脑子搞乱，达到他们揽权的目的。包拯心里明白，命人把府门关上，听他们挨个儿神侃，凭着他的为官经验，找出他们的几个破绽毫无难处。一天下来，包拯"峻责"了几十个猾吏，剩下的全都老实了。按旧规矩，凡是诉讼都不能直接到官署递交状子，而是要先找办事小吏疏通。包拯憎恶办事小吏苛杂刻薄，务求忠诚厚道，并令下属打开官署正门，使告状的人能够直接到跟前陈述是非，办事小吏因此不敢欺瞒。此后，府里的办事效率成倍提高。包拯为人刚强坚毅，听说的人都很害怕他，贵戚官宦因此而大为收敛，人们把想从包拯那里得到通融比为让黄河水清一样地难。京城里的人因此说："有阎罗王、包老头挡着，别想行贿疏通关系。"于是正气大盛。

严令后人

包拯当官以后，除了公务，没有私人信札来往，他的饮食、用具和平时穿着，都和当百姓时一样。他曾对子孙后辈立下禁令：后代子孙当官从政，假若贪赃枉法，不得回老家，死了不得葬入家族墓地；假若不听从我的禁令，就不是我的子孙。

以严于律己著称

包拯以严于律己、执法严峻、不畏权贵著称。任监察御史及知谏院（一种谏官官职名）时，为肃正纲纪，惩处贪官污吏，他弹劾贩卖私盐以牟取暴利的淮南转运使张可久、役使兵士为自己织造一千六百余匹驼毛缎子的汾州知州任弁及监守自盗的仁宗亲信太监阎士良等，其中影响最大的是弹劾污吏王逵。此外，包拯还弹劾过宰相宋庠、舒王赵元祐的女婿郭承祐和张贵妃的伯父张尧佐等人。任御史中丞时，包拯又先后弹劾利用职权贱买富民邸舍的张方平及"在蜀燕饮过度"的宋祁，使朝廷罢免二人的三司使之职。由于包拯敢于弹劾权幸，当时社会上出现了"包弹"的谚语，世人凡见官吏"有玷缺者，必曰：'有包弹矣。''包弹'之语遂布天下"。

对于有才干有政绩者，包拯则能秉公力荐，如杨邠、王鼎、王绰三人皆为改革派范仲淹提拔的人才，曾分别担任江南东路转运使、提点刑狱和转运判官，因他们在任内严惩贪赃枉法的官吏而有"江东三虎"之称。后受守旧权臣的忌恶，被降任知州，不得再任转运使等"监司"官。包拯虽由守旧派人物王拱辰荐为御史，却不为政治派系所囿，极力主张复用三人，终于使杨纮、王鼎、王绰先后又被起用为荆湖南路转运使、河北路提点刑狱、江西路提点刑狱。

包拯在庆历新政[①]之后提过一些改革建议，如主张严格选拔官员、裁汰冗杂，对年满70岁者应强令致仕，以解决冗官问题。他还主张停止招募士兵，拣斥老弱，以解决冗兵问题，同时应选练精兵强将，训练义勇，以充实边备，防御契丹。他向仁宗建议"不必分文武之异，限高卑之差，在其人如何耳。必当考以应敌制胜之略，询以安边御众之宜"，然后"擢而用之"。他向仁宗条陈《七事》，建言应当"明听纳，辨朋党，惜人才，不主先入之说"，又奏请"去刻薄，抑侥幸，正刑明禁，戒兴作，禁妖妄"。因其所言恳切，且合情合理、切中时弊，故多为朝廷所采纳。包拯还特意奏上《进魏郑公三疏札子》，希望仁宗能以唐太宗善纳魏徵之谏的故事为镜鉴。

任地方官时，包拯也善于体察民情、兴利除弊，因而颇有政绩。任京东转运使时，他曾巡察各地，访问贫困冶铁

---

① 庆历新政，发生在北宋庆历年间，受宋仁宗推动，由范仲淹发起的一场政治改革，旨在改变北宋立朝以来积贫积弱的局面。

户，并据实情申报转运司，豁免了这些商户所欠的官铁，同时又鼓励有能力者开炉冶铁，发展生产。

权知开封府时，包拯疏浚惠民河。惠民河也称蔡河，原自东京至通许（今属河南省开封市），直达淮河。后为了水运之便，又从新郑引来闵水汇入，使之流量大增。惠民河常涨水为患，大水时"门关折，坏官私庐舍数万区，城中系筏渡人"。包拯查知河水泛滥的原因乃"中官世族筑园榭，侵惠民河，以故河塞不通"，遂毅然下令将所有跨河修建的楼台、花园、水榭全部拆毁，使河水得以畅通。有些权贵持伪增步数的地券与包拯相争，包拯皆通过实地测量、验证，揭示其伪，并上朝劾奏，要求严惩。

任三司使期间，包拯改变了朝廷过去的一些做法。以前，凡是各种封藏于仓库供皇帝用的物品，都从各地科派，给百姓制造困难。包拯特此设立市场，公私一律公平买卖，此后百姓不再受到侵扰。原来司里吏员欠下金钱布匹，大多受到监禁，其中若有人逃走，就连带拘禁了他们的妻子儿女。对于此类情形，包拯都释放了他们。

包拯的严于律己、廉洁奉公也是十分突出的。23岁时，包拯受到出知庐州的刘筠嘉许，声名大盛。家乡有一豪富之家曾邀请他赴宴叙谈，受邀的一位李姓同学欣然欲往，而包拯却严肃地说："彼富人也，吾徒异日或守乡郡，今妄与之交，岂不为他日累乎。"可见他为官前即确立了从政不徇私情的志向。

端州以产砚著名，端砚历来是文人士大夫寻觅的珍品。包拯出知端州时，不仅革除了诸前任在"贡砚"数额之外加征数十倍以饱私囊和贿赂权贵的流弊，而且任满离去时"不持一砚归"。在1973年合肥清理包拯墓时，在包拯及其子孙墓中仅发现一方普通砚台而无端砚，也足证史载之确。

包拯曾力申"廉者，民之表也；贪者，民之贼也"。他不仅如此说，而且还躬身力行并教之于后代，订立了《家训》，并将《家训》镌刻于石碑，竖立于堂屋东壁，以昭示后人。

包拯历任三司户部判官，京东、陕西、河北路转运使。入朝担任三司户部副使，请求朝廷准许解盐通商买卖。改知谏院，多次论劾权贵。授龙图阁直学士、河北都转运使，移知瀛、扬诸州，再召入朝，经历权知开封府、权御史中丞、三司使等职。嘉祐六年（1061年），任枢密副使。

嘉祐七年（1062年），包拯逝世，年六十有四。追赠礼部尚书，谥号"孝肃"，后世称其为"包孝肃"，有《包孝肃公奏议》传世。

包拯廉洁公正，立朝刚毅，不附权贵，铁面无私，且英明决断，敢于替百姓申不平，故有"包青天"及"包公"之名，京师有"关节不到，有阎罗包老"之语。后世将他奉为神明崇拜，认为他是文曲星、奎星转世。由于民间传其黑面形象，他亦被称为"黑脸包公"。①

廉政智慧

哪有动不了的人？！谁也没有免罪的"丹书铁券"，谁也不是"铁帽子王"。

廉政教育

我在这里跟大家语重心长嘱咐，要操这点心，家里那点事有时不经意可能就溜过去了，要留留神，防微杜渐，不要护犊子。干部子弟也要遵纪守法，不要以为是干部子弟就谁都奈何不了了，触犯了党纪国法都要处理，而且要从严处理，做给老百姓看。哪有动不了的人？！

——习近平在中央政治局"三严三实"专题民主生活会上的讲话（2015 年 12 月 28 日、29 日）

---

① 本章内容参考《宋史·包拯传》《三侠五义》《包青天奇案》。

廉政点评

正大光明，百姓直呼"铁包公"

包拯是北宋名臣，他从一名知县做起，曾担任过监察御史、开封府尹、枢密副使等职。包拯廉洁公正，不附权贵，铁面无私，敢于替百姓申不平，就算是皇亲国戚，包拯也一视同仁，他打击贪官污吏、惩治豪强等行为，深受百姓爱戴，逐渐成为清廉的象征。

包拯一生得罪了很多权贵，却能够善终，他的廉政大智慧有二。一是行事正大光明，明来明去，有胆有识，有理有据，依法办事，令奸邪之人不敢直面相对。二是会用人。好官培养出了一批好下属，有一个好团队，内能凝心聚力、团结一致，外能招揽社会力量为组织所用。

包拯不畏权贵，不徇私情，清正廉洁，老百姓在"包公"前加一个"铁"字，更凸显了刚正不阿、铁面无私的意味。2014年3月19日，习近平总书记在河南兰考调研时，勉励基层纪检监察人员要当"铁包公"，对腐败零容忍。"铁包公"的形象比喻，是在给基层纪检监察人员的工作加油打气，表明了中央对加强党风廉政建设和惩治腐败的坚强决心。

众所周知，纪检监察工作非常棘手，很容易得罪人。倘若没有点敬业精神和敢于担当的勇气，就会在复杂的人情世故、纠葛的人际关系前畏畏缩缩，导致贪污得逞、腐败愈甚，使党和人民的事业遭受重大损失，最终使党丧失人民群众的信任和支持，丢掉执政的根基源泉。

党的十八大以来，以习近平同志为核心的党中央，坚持党要管党、全面从严治党，提出了八项规定和六条禁令等一系列要求，以踏石留印、抓铁有痕的有力措施狠抓反腐倡廉工作。随着一批又一批腐败分子纷纷落马，反腐倡廉工作取得了阶段性成果。当然，这些成绩的取得与每一名纪检监察干部的工作是分不开的。

敢担当、能担当的纪检监察干部，是反腐败工作的需要，更是实现政治清明、保持党同人民群众血肉联系的坚强保障。纪检监察干部要像包拯那样，作为反腐工作的排头兵，应当认真领会习近平总书记的指示和中央零容忍严厉惩治腐败的态度与决心，努力践行职业操守，挑起职业担当，做"铁包公"式的纪检监察干部，铁面无私，秉公执纪，敢于唱黑脸，敢于碰硬茬，坚决与一切腐败分子做斗争，将反腐倡廉工作不断推向深入。

六

人心似铁，官法如炉

——陈希亮：为官正直百姓颂

陈希亮（1014—1077），字公弼，北宋时期眉州青神（今四川省眉山市）人，祖籍京兆（今陕西省西安市）。他出身平民之家，自小好学，从进士及第开始，先后任过知县、知州、知府、转运使等地方官，也曾到京城开封府及朝廷任职。不论是在地方还是京城为官，陈希亮都疾恶如仇，不考虑个人的祸福进退，为平民百姓称颂，使达官显贵害怕。

在他从政的30多年中，陈希亮忠于职守，肯为百姓办实事，如严惩贪官污吏，打击地痞无赖，搜捕盗贼，开仓赈灾，架设汴河飞桥，强令巫师、巫婆回乡务农等。由于正直诚挚，路有所颂声，因而在每次任满离境时，当地百姓都洒泪相送。遗憾的是，陈希亮后因辛劳过度而逝世，享年64岁。

著名文学家苏轼，自称平生不为人作传、写墓志，但他十分敬佩陈希亮的为人，担心他的事迹失传于后世，而破例写下了《陈公弼传》。

在北宋一代，提起清官廉吏，人们首先会想到有"青天"美誉的包拯，然而，此一时期，还有一位人称白脸青天的官员——陈希亮。

忠厚仁爱，怜孤恤贫

陈希亮在年轻时就是一个品德高尚的人，在处理家事方面，其德行之完美早就为人称道。他父母早亡，依靠哥哥的养育长大，但哥哥是个性情偏狭的人，存心侵吞全部家产。陈希亮16岁那年决定外出寻师，专攻学问，哥哥霸占了田园房产，只将乡邻们的借款单据给了他。陈希亮虽年少，却大度惊人，他把那些借债的人都召集来，当面将账单全部烧掉，然后背起书箧行囊，不远千里去寻师访友。不久后的一天捷报传来，陈希亮金榜题名，进士及第。此时，他哥哥年事已高，身体又很差，两个侄儿——陈庸、陈渝尚未成人。陈希亮不计前嫌，服侍兄长，教养侄儿。后来，两个侄儿也都中了进士。乡亲们感服他的为人，亲切地称他的家门为"三俊"。

陈希亮有仁有义，广为乡里传颂。陈希亮在外游学时，曾与同乡宋辅一起寻师访友。后来，当他在京城开封任京东、京西转运使时，宋辅也到京城做了小官。可是事隔不久，宋辅染病身亡，老母、孀妇和幼子宋端平失去了依靠，生活艰辛。陈希亮想不出更好的办法，于是决定承担起抚养宋家老小的重任，把宋母一家接到自己家中。他对宋母十分孝敬，一早一晚都施行问安礼，还将自己的女儿许配给宋端平，要他努力攻读诗书。就这样，宋辅的一家老小在陈希亮的关怀和照顾下，过上了无忧无虑的生活。

然而，由于陈希亮薪俸不多，又清廉自守，他自己有四个孩子，再加上两个侄儿，家庭经济已是十分拮据，如今又添了宋母全家，负担之重就不必说了。尽管如此，他宁愿缩减自己儿女们的衣食，节约家庭中能节约的开支，也要把两个侄儿和宋辅之子抚养成人。他亲自教习他们吟诵诗书，与自己的儿子等同对待，让所有后辈都有出外寻师访友的机会。于是，继陈庸、陈渝两个侄儿之后，宋端平也是进士及第。当陈希亮搀扶着宋母出堂接取捷报时，不知情的人都以为宋母是他的生身母亲哩！

由于陈希亮以身作则，教育有方，儿子们个个也很有出息，长子官至度支郎中，次子为滑州推官，三子是大理寺丞，四子虽然从未出仕，但他轻财好义，乐于助人，继承了父亲忠厚仁爱的美德和有功不夸的高尚行为。

办案明察秋毫口碑好

天圣八年（1030 年），陈希亮考中进士后，被授予大理评事，出任长沙知县。

长沙县有个叫海印国师的和尚，与章献太后刘娥的家人关系密切。仁宗年幼即位，章献太后垂帘听政，主持朝政 11

年，位高权重。海印和尚依仗章献太后的权势，随便出入皇宫，与几个显贵的公卿大夫来往密切，倚仗着他们的权势，占据百姓的土地，掠夺财富。官员都不敢惹他，百姓更是敢怒而不敢言。对于这个恶僧，陈希亮不畏权势，多次走访百姓，查明海印的犯罪事实后，毫不手软地将其法办。这一举动令全县震惊，虽然解了百姓的心头之恨，但大家都替陈希亮后怕。老百姓感激他，暗暗称他为"陈青天"。

陈希亮在长沙任知县时，又审理了一件郴州竹场假券疑案。此案的大致经过是：一个专门向林区百姓征收竹材的机构——郴州竹场将假券交给缴纳竹子的种植户，作为收到竹子的凭证；种植户将竹场所给的假券交给官府，作为已经缴纳竹子的凭证。此事被官府察觉，认定这些种植户伪造证券，很多人被判极刑打入死牢。陈希亮接到案卷，几经调查后，感到十分不解：很多种植户连自己的名字都不会写，哪有能力去伪造证券呢？于是，他重新提审了种植户，掌握了种植户屈打成招的事实后，他又派人去郴州调查真相。原来是管理竹场的吏人为敛取不义之财，花钱找人制造假券，将种植户缴纳的竹子占为己有，而让种植户吃亏，当了替死鬼。铁证如山，竹场的吏人自然受到惩治，种植户也得以无罪获释。因审理郴州竹场假券疑案有功，仁宗皇帝特赐给陈希亮五品官服。

陈希亮由于办案认真、明察秋毫、一丝不苟，口碑极好，不久升为殿中丞，调转主管鄂县政事。但县府的老吏曾腆欺他年轻，怠慢法令。陈希亮任职办事，不巧首先查到了曾腆的罪过，曾腆禁不住地磕头竟致额头流血，表示愿意改过自新。陈希亮告诫他以后不要自以为是，见其悔罪态度恳切，遂免去处罚。曾腆自此变成了好官吏。

当地的巫师每年搜刮百姓的钱财祭鬼，把这叫作"春斋"。巫师们说不这样做就会发生火灾，并煞有介事地散布谣言说，有穿红衣的三个老人会带来火灾。陈希亮不信那一套，决然禁止了这项活动，百姓虽不敢犯禁，可火灾也没有发生。事实教育了百姓。陈希亮还毁掉了上百个不合礼制的祠堂，勒令七十多名巫师成为农民。陈希亮为官到期离开时，当地百姓依依不舍地送他，直送出县境，流着泪说："您离开我们，穿红衣的老人又要出来了。"

陈希亮转任开封府司录司事后，福胜塔失了火，官府想要重建，估计要用三万钱。陈希亮进言说："陕西在打仗，这笔钱应该用作军饷，塔就暂时不要修建了。"皇帝同意并下令停止建塔。

青州人氏赵禹上书朝廷，说赵元昊有谋反之心。宰相认为赵禹乱说，把他流放建州（今福建省福州市）。不久，赵元昊果然反叛。赵禹诉告所属的官府，官府不接收他的案子，他逃到京城向朝廷申辩。宰相发怒，把他下到开封狱中。陈希亮不畏权势，秉公提出应该奖赏赵禹，而非加罪。

为此案，朝廷发生激烈辩论。陈希亮坚持正义，皇帝最终接受陈希亮的意见，下令释放赵禹，同时奖励陈希亮的忠于职守，升他做徐州推官。

此时徐州发生了外戚沈元吉偷盗杀人案，陈希亮一审问就得到实情，但沈元吉却受惊倒地而死，沈家诉告陈希亮。皇帝下令弹劾了陈希亮和几位办事的官吏。陈希亮说："这个坏人的死唯独与我有关，与他人无关。"由于陈希亮把罪过归在自己身上，他因此而被罢官，其他人未受牵连。

在宿州汴河上建大桥

皇祐元年（1049 年），皇帝下旨让陈希亮做负责征调粮食的提举河北便籴之官。对于皇帝的这一旨令，河北都转运史魏瓘不满，揭发陈希亮擅自提高或降低物价。不久，魏瓘被任命为龙图阁学士，主管开封政事。陈希亮请求在朝廷上与他论辩，于是一场激烈的辩论在皇帝和众官面前展开。通过辩论，仁宗皇帝认为陈希亮的所作所为正确有理，于是罢免魏瓘的龙图阁学士之职，让他去主管越州政事，并且要任用陈希亮为龙图阁学士。陈希亮诚恳地说："我与转运使不和，不能算没有罪过。"

陈希亮竭力请求回到滑县。此时正值黄河鱼池一带发洪水，河堤将要决口。陈希亮召集朝廷派到黄河监督防洪的人，派皇帝的亲兵防守堤坝。夜晚为便于及时发现灾情，陈希亮住进了即将决口的河堤屋子里。这十分危险，官吏和百姓流着泪轮换劝他离开，但他坚决住在那里，直到洪水退去。

那些年汴河改道流经宿州，年年洪水泛滥，陈希亮正在安徽宿州做官。一年夏天，又逢天降暴雨，差役慌忙禀报：汴河上的桥梁又被冲垮了。陈希亮当即冒雨来到河边，察看灾情。据当地百姓讲，这汴河水势太猛，再坚固的桥墩都会被冲垮，要在此地架桥真比登天还难。现在桥又被冲垮，来往行人过河只有靠渡船，极不方便，而且水势太猛，渡船也不时翻沉。陈希亮想，这河上还是应该架桥，要怎么架才能不被冲垮呢？他陷入了沉思。

那天陈希亮查勘了汴河水情回衙以后，衙吏们只见他成天伏在案头，在纸上画着什么。深夜烛光下，他也在不停地改改画画。经过没日没夜的筹划，他终于创造出一种新的造桥方案。这就是不在河水湍急的流水中建桥墩，而是修建一种木质结构的、直接飞跨两岸的桥梁。这样不仅来往船只不受阻隔，而且不论夏天发多大的洪水，桥身也不会受损。于是，他命令属下采备木料，并请来木工现场施工。没有多久，宿州城的汴河上就架起了一座崭新的木桥，桥身如虹，飞跨两岸。桥上行人来往，桥下船楫畅通。人们都赞扬陈希亮不仅是一位清官好吏，而且是一位能工巧匠。这宿州的汴河桥确是一大发明，朝廷为此下诏嘉奖，并且推广这种造桥方法。过去苦于水患，造桥无方，自此以后从京都开封到泗州（今安徽省泗县）都模仿陈希亮的造桥方法，建起了一座座如虹的飞桥。

嘉祐八年（1063 年）正月，京东转运史陈希亮调任凤翔太守。为人刚直的陈希亮身材矮小，面目清瘦严肃，两眼澄澈如水，说话斩钉截铁，他对僚属要求严格，对下属的严重过错从来不留情面，竟然有人吓得不敢仰视他。所以士大夫们宴会或游览时，若听说陈希亮来了，立刻阖座肃然，笑也不敢笑了。

与苏轼有过一段交集

陈希亮与苏轼有过一段不愉快的经历，两人间的摩擦也可以说明陈希亮的为人。苏轼的官职是大理评事签书凤翔府节度判官厅公事。这一长串官名究竟是什么官呢？原来宋代的官制比较复杂，尤其是宋神宗元丰以前，官员的本官、贴职、差遣同时并存，因而相当混乱。拿苏轼的上述官名来说，"大理评事"是官阶，只表示官员级别的高低，与实际的职务无关。"签书凤翔府节度判官厅公事"是差遣，也即实际担任的职务，大致相当于现在地级市办公厅主任或秘书长之类，职责包括协理郡政，以及各种文件的编写，经初步审定后报告主官，或被批准或被否定。

苏轼与长官陈希亮在公事上的联系非常密切，但仍是陈希亮的下属或幕职。而两个人的性格却如冰与火一般不相融合。苏轼性格豪阔，不会耍官僚滑头，做事勇于负责，当意见不同时，便要据理力争。争议不下，这二十七八岁的签判年少气盛，就不免表现在言行上，一点也不肯屈就退让。

陈希亮与苏轼之间还有一段故事。陈希亮和苏轼都是眉州人，苏陈两家原是数代世交，若论辈分，陈希亮要比苏轼的父亲苏洵还长一辈。陈希亮有意要栽培这个锋芒毕露的后辈，总是一副长辈的威严面孔，毫不客气，这使苏轼更难忍受。为了对这位签判的制科出身表示敬重，府衙中的吏役都尊称他为"苏贤良"。这就像现代人尊称"博士"一样，本是一件平常小事，不料被陈希亮听到了，他竟勃然大怒，苏轼为此十分难堪。苏轼写的公文，陈希亮也毫不客气地加以涂抹删改，往返不休，这让以文章自负的苏轼更难忍受。陈希亮官僚架子不小，同僚晋见时，他有时任凭其在客座中等候，也久久都不出来接见。甚至有人等得久了，竟在客座中打起瞌睡来。对此，苏轼心生不平，于是作了一首《客位假寐诗》来讽刺陈希亮：

谒入不得去，兀坐如枯株。

岂惟主忘客，今我亦忘吾。

同僚不解事，愠色见髯须。

虽无性命忧，且复忍须臾。

这首诗的大意是：想进去求见进不去，呆呆地久坐着像枯树，主人怎么能把客人忘记呢？今天我也忘记了自己，同事们没法解决这个问题，可看他们的胡须就知道他们很生气。虽然不必担忧丢了性命，还是忍耐着再等一会儿。

两人之间的摩擦，日长月久，产生成见，苏轼越发感觉憋气而产生抵触情绪。每当摆设宴席之时，作为"办公室主任"的苏轼竟不参加；中元节时，下属都要到知府厅堂请安行礼，可苏轼也不去。陈希亮抓住这一点，竟然上奏朝廷处分苏轼，被朝廷罚铜八斤。可苏轼对此也不在乎，只是在日后写《谢馆职启》的文章中发牢骚说：当一名幕僚，整天在危机中舞蹈，已尝够了名字列在苛刻的法条中的滋味，真想不到今天还能活着。这些话反映了苏轼当时的心情。

后来，陈希亮在官舍的后园建造了一座取名"凌虚台①"的建筑，从台上可以望见终南山。工程完成后，他请已成大

---

① 凌虚台，原址在凤翔府衙内，为陈希亮所建。"台"与"室"意同，本意指用土方筑成的高而平的正方形建筑物。

文豪的苏轼写一篇《凌虚台记》①。苏轼为他写了，但文章里出现以下内容："物之废兴成毁，不可得而知也""夫台犹不足恃以长久，而况于人事之得丧，忽往而忽来者欤！"这两句话的意思是：事物的废、兴、成、毁，总是料想不到的；凌虚台还不能长久地保存，何况人的得与失，只不过是一会儿来、一会儿去罢了。苏轼欲乘此机会"敲打敲打"陈希亮，借此浇他一头冷水。

没想到陈希亮读过《凌虚台记》的稿子后，不仅没有意见，还十分欣赏，一字未改，便吩咐上石刻碑，并且感慨道："我看苏明允（苏轼的父亲苏洵的号）就像儿子一样，而苏轼就像孙子，平日故意不给他好脸，是因为他年轻便名气太大，怕他自满而不继续长进，这是我所不愿看到的。"后来，苏轼应陈希亮的儿子陈慥为他父亲作传的请求，写了《陈公弼传》，其中有一段的意思说："您是我先父的长辈，我在凤翔跟着您当了两年的官，那时年少气盛，行为和说话都对不起您，早已很后悔了。"苏轼以此表示对那时所作所为的忏悔。

---

① 《凌虚台记》是北宋文学家苏轼创作的一篇散文。这篇文章记叙了土台修建的经过，联系到古往今来"废兴成毁"的历史，感叹人事万物的变化无常，指出不能稍有所得就"夸世而自足"，而应该去探求真正可以永久依赖的东西。这篇文章反映了苏轼思想中对生活积极乐观和对理想执着追求的一面。

苏轼破例为他写传记

当陈希亮因辛劳过度而在 64 岁便辞世的噩耗传来时，亲戚朋友莫不潸然泪下、捶胸顿足，他们钦佩他一生为官清正、严而不残，诚为当代良吏；更赞叹他忠厚仁爱的美德，以及怜孤恤贫、有功不夸的高尚行为。著名大文豪苏轼自称平生不愿为人作墓志，但他十分敬佩陈希亮的为人，担心陈希亮的事迹失传于后世，破例写下了《陈公弼传》，引录如下，有删节。

公讳希亮，字公弼。天圣八年进士第。始为长沙县。浮屠有海印国师者，交通权贵人，肆为奸利，人莫敢正视。公捕置诸法，一县大耸。去为鄠都。老吏曾腆侮法粥狱，以公少年易之。公视事之日，首得其重罪，腆叩头出血，愿自新。公戒而舍之。巫觋岁敛民财祭鬼，谓之春斋，否则有火灾。公禁之，民不敢犯，火亦不作。毁淫祠数百区，勒巫为农者七十余家。

期年，盗起京西，杀守令，富丞相荐公可用。起知房州。州素无兵备，民凛凛欲亡去。公以牢城卒杂山河户得数百人，日夜部勒，声振山南。民恃以安，盗不敢入境。而殿侍雷甲以兵百余人，逐盗致竹山，甲不能戢士，所至为暴。

或告有大盗入境且及门，公自勒兵阻水拒之。身居前行，命士持满无得发。士皆植立如偶人，甲射之不动，乃下马拜，请死，曰："初不知公官军也。"吏士请斩甲以徇。公不可，独治为暴者十余人，劳其余而遣之，使甲以捕盗自赎。

淮南饥，安抚、转运使皆言寿春守王正民不任职，正民坐免。诏公乘传往代之。转运使调里胥米而蠲其役，凡十三万石，谓之折役米。米翔贵，民益饥。公至则除之，且表其事。旁郡皆得除。又言正民无罪。职事办治。诏复以正民为鄂州，徙知庐州。

虎翼军士屯寿春者以谋反诛，而迁其余不反者数百人于庐。士方自疑不安。一日，有窃入府舍将为不利者。公笑曰："此必醉耳。"贷而流之，尽以其余给左右使令，且以守仓库。

为京西转运使。石塘河役兵叛，其首周元，震动汝、洛间。公闻之，即日轻骑出按。众不敢隐，乃斩元以徇，而流军校一人，其余悉遣赴役如初。致仕卒，享年六十四，仕至太常少卿，赠工部侍郎。

回顾陈希亮的一生，他才能突出、政绩卓著、受民爱戴，无怪乎《宋史》评价他："其良吏与。"①

———————————

① 本章内容参考苏轼的《陈公弼传》。

廉政智慧

胸怀国家、心系百姓、较真碰硬、敢于担当、不计较个人得失。

廉政教育

要用监督传递压力，用压力推动落实。对违规违纪、破坏法规制度踩"红线"、越"底线"、闯"雷区"的，要坚决严肃查处，不以权势大而破规，不以问题小而姑息，不以违者众而放任，不留"暗门"、不开"天窗"，坚决防止"破窗效应"。

——习近平：《抓好反腐倡廉法规制度贯彻执行》（2015年6月26日）

廉政点评

为官从政不考虑个人祸福进退

在陈希亮从政的三十多年中，不论是在地方还是京城为官，他都忠于职守，肯为百姓办事，严惩贪官污吏、打击地痞无赖、架设汴河飞桥等诸多举措赢得百姓一致赞许。因而，在其每次任满离境时，当地乡亲都洒泪相送。

陈希亮的廉政大智慧是，为官从政从不考虑个人祸福进退，正直诚挚，疾恶如仇，行廉惩贪，为民除害。他的行为被平民百姓称颂，使王公贵戚害怕。其清正廉洁和孜孜爱民等感人事迹名留青史，这在封建王朝确实难能可贵。大文豪苏轼自称平生不为他人作墓志，实则并非不作，但是数量确实极少。苏轼担心陈希亮的事迹随着时光流逝而逐渐湮没，遂破例撰写了一篇《陈公弼传》来纪念这位杰出的宋代人物。

无论古代，还是今朝，每一个道德模范都让我们感动，值得我们去赞扬。也许我们做不到像他们那样舍小家为大家，但要相信，这样的官员不是作秀，也不是傻，而是拥有一颗为国为民的心，他们灵魂的高度值得每一个人去仰视。虽然陈希亮是千年前的封建社会官员，但他的精神就算是放到当代仍然是一代楷模。清廉为官仍然是今天党员、干部的立身之本，忠于职守是今天党员、干部的立身之基，为国为民更是今天党员、干部最大的情怀。新时代党员、干部需要学习陈希亮身上那种舍己为人的精神、勇于做事的节操！

清官、勤吏，一直是老百姓给予为民着想并奉献的官员的最好评价，也是从政者所追求的最高境界。古往今来，有不少人如陈希亮一般，为百姓做事勤勤恳恳，对贪官污吏"零容忍"，铁腕反腐，为后人传颂。古人的勤廉，需要今人的传承。勤廉为民，只有勤于奉献，久久为功，才能得到老百姓的信任。新时代党员、干部要以"三严三实"为思想先导和行为准则，改进工作作风，坚持廉洁自律，强化责任担当，永远勤政为民。

七

锄一害而众苗成，
刑一恶而万民悦

——况钟：治吏肃贪甘冒险

况钟（1383—1442），字伯律，号如愚，明朝江西靖安县龙冈洲（今高湖镇西头村岩口）人，是明代万民敬爱的清官。在明代的名宦中，未经科举由吏员升任官员进而政绩卓著者，况钟可谓最著名的一个。

他一生出色的政绩是在苏州知府任上创下的。例如，直接减征官粮，以折征的办法减轻百姓的负担，稳定和发展经济。同时，整肃吏治，端正风气，注意清理冤狱，为民申冤。他编排了一个日程表，每天勘问一个县的案件，周而复始，从不间断。在刚到任的八个月中，就清理了1500多件案子。经他审理过的案子，无论大小，都能做到百姓不叫冤枉，土豪不敢再为非作歹。

况钟是一位甘冒风险、敢于伸张正义、为民申冤的清官。除此之外，他还做了兴修水利、开办学校、推荐贤才等造福一方的好事。况钟任职苏州十三年间，三次离任三次留任，替百姓办了不少实事，最后积劳成疾，病逝于苏州知府任上。当地百姓为纪念况钟，在他死后，苏州府七个县都建立了祠堂。

在《明史》中，有《明史·况钟传》。但是况钟一生大部分时间的名字都为黄钟，直到47岁时才被皇帝准许恢复祖姓，称况钟。

况钟祖上是南宋晚期迁居靖安的况升，居于西山况坊（今江西省安义县石鼻镇向坊村）人。况升之孙况亮在元代任常州府（今江苏省常州市）知府，颇有家资，共有七子。其中，况懋建为况钟曾祖父，曾出任过县令，但因时局已开始动荡，况懋建知难而退，辞职回乡。作为元代统治下政治地位最低等的南人，况氏后人能够出仕为官极为不易。

47 岁才认祖归宗

况钟祖父况渊，饱读诗书，此时天下对蒙元政权的反抗已是沸反盈天，他并未出仕，而以诗文自娱。元末红巾军起义不断，到处屠杀洗劫富室。而靖安龙冈洲况家广有钱粮，在当地树大招风，有一伙红巾起义军窜入靖安龙冈洲况家，阖门几十口尽数被屠。所谓义军去后，乡人发现年仅 6 岁的小少爷况仲谦（况钟之父）居然劫后孤留。

乡人黄胜祖，家贫无妻儿，收养况仲谦来续香火，并将其名改为黄仲谦。黄家一贫如洗，黄仲谦很小就出去做工，长大后尽管一表人才，又聪敏勤奋，但因家中贫困，娶妻成为大问题。后来黄胜祖认识了况钟的外公，他很看好黄仲谦，将女许配黄仲谦，不收分文。黄仲谦成家后，更是勤俭，并且善于筹划，家道也渐渐富裕起来，还养育两个儿子。黄仲谦看着两个儿子渐渐长大，想到自己目不识丁，难以教养好他们，而家境已经不错，于是请老师教授兄弟二人。

事实上，黄仲谦既是况家的唯一后人，也是黄家唯一继承香火的人。在归宗的问题上，他曾有过激烈的思想斗争。他曾想恢复原姓，但又恐难报黄家的养育之恩，两难境地让他无法决定。既然自己难以两全其美，那么他只能在两个儿子身上想办法了。因此，他在临终时留下遗嘱，要长子黄钟恢复原姓，而次子黄镛继续作为黄家的后代，延续黄家香火。黄钟将父亲的遗嘱记在心上，却并未立即改姓。因为明朝尊崇程朱理学，礼部专门监管仪制，所以身为礼部吏员的黄钟想要恢复祖姓尤为困难。

直到宣德四年（1429 年），黄钟向皇帝呈明缘由，请求恢复况姓，才得到允准，颁给改姓诰命。此时的黄钟已经官至礼部仪制司郎中。宣宗皇帝不仅称赞了黄钟的做法，还颁发了《追赠父复姓制》，将黄钟的父亲黄仲谦也恢复原姓为况仲谦。黄钟恢复祖姓时已经 47 岁了，一生已过大半，好在他终于认祖归宗，从此称况钟。

做 9 年礼曹吏员

况钟小时候家庭贫困，但父母非常善良勤劳。传说有一个饥饿的道士向他家讨饭吃，此时他家已无米可下锅，况仲谦于是杀掉仅有的一只母鸡给道士吃。道士为感谢他的救助之恩，于是手指岩口处说：你在那个地方建座房子，即使搭个茅棚也可以，你家就会兴旺起来。

况钟 7 岁丧母，从小受到生活磨炼。他聪颖好学，秉心方直，严于律己，习知礼仪，处事明敏。况钟对书法很感兴趣，曾经刻苦练习，无论是正楷、隶书、行书，他都写得很好。况钟原本会按照父母的愿望刻苦读书，获取功名。

但在永乐四年（1406 年），靖安县令俞益改变了况钟的人生道路。俞益需要一个精通文理、能干练达的书吏，千挑万选，选中了况钟。况钟的父母心里是不愿意的，但俞益对他们说："自古以来，从书吏起家而成为高官的人很多，且不说汉代的萧何、曹参位至相国，唐代就有孙伏伽和张元素，前者是有名的谏议大夫，官至大理寺卿；后者做到金紫光禄大夫。做书吏有什么不好呢？"况钟就此结束了读书考取功名之路，跟随俞益做礼曹吏员。

自从当了县令俞益的礼曹吏员，况钟一干就是 9 年。永乐十二年（1414 年），况钟的吏期已满 9 年，按例应允给赴京考取官职的待遇。因为他的政绩突出，百姓口碑极好，而礼部尚书吕震与县令俞益关系亲密，恰巧此时吕震将扈从皇帝朱棣北巡，要简选属员，俞益竭力推荐，历陈况钟的贤能。吕震与况钟交谈一番，发现他果然是个人才，对其才能感到惊异，大为赞赏。吕震于是向朝廷推荐授予他仪制司主事，况钟顺利升官，而且是皇帝身边的命官。永乐帝"天威严重"，大小朝臣稍有差错都会遭到斥责，而况钟却"独被眷注"，前后受到31次奖赏。1424年，况钟以"贤劳著称"超升为四品仪制司郎中。次年春天，他以其才识优长被录用为六品礼部仪制司主事，且破例得到了皇帝朱棣的召见。从此，况钟更加勤于职守，凡册立后妃、东宫、藩王、帝女下嫁、朝觐贡举等重大典礼，他都操办得十分妥善，绝无遗漏，得到朝官的赏识。

永乐十五年（1417年），朱棣再次北巡，况钟以礼部属员随驾扈从。由于北京初建，四夷朝贡、会试、北征等诸多事项都在北京举行。其中诸如祭告、庆赏、封策礼文等事宜，均属仪制司掌管，况钟筹划安排得当，深受赏识，被赞为"简繁轻重，悉中事宜"。

不辜负朝廷信任

宣德五年（1430年），宣宗皇帝感到各地知府大多不够称职，又正逢苏州等九府缺少知府，这九个府都是重要的难治之地。因此宣宗召集朝臣议事，提到江南赋税征收困难问题，谈到九个府的难治问题。就苏州而言，问题尤其突出，税收和粮食征收数排在各地之首，但民困而吏奸，每次派遣京官去督促催收，效果很差，连年来税粮都不能按额上交。因此皇帝命令六部、都察院保举"廉能有为，才堪牧民"的郎中或御史出任九地知府。此时，礼部尚书、吏部尚书都推荐了况钟。首辅杨士奇认为，这次被推荐者都是各部院的名臣要员，对于他们的要求都极为严格，而况钟留给众官吏的印象是最深的。最后，朝臣一致向皇帝提名况钟为苏州知府，皇帝不仅同意，还钦赐敕书，以便况钟的奏章直接送到御前，让其享受一般知府享受不到的待遇。

早在宣德三年（1428年），宣宗皇帝曾就苏州知府的人选关照吏部："苏州府是大府，公务繁剧，速速物色廉洁奉公、有才能者出任知府，贪污暴虐、残害百姓的人不能任用。"可见苏州知府在皇帝心目中的地位。宣宗皇帝同意况钟出任苏州知府，说明他能力卓著，其为官的操守也让皇帝放心。在况钟等九位新知府赴任前，皇帝亲自设宴为他们送行，并为他们颁发了敕书。在敕书中，皇帝对他们到任后的政务进行了具体的指导，并给予他们一定的权力，奏章可直达御前，也就是可以越级直接与皇帝联系，这足以表明皇帝对他们的信任与支持。包括况钟在内的九个知府奉敕书赴任，相当于钦差知府，这是前所未有的任命。事实证明，宣宗皇帝这次直接选拔地方官吏的举措非常成功。后来，这些知府大多政绩突出，况钟更是声名显赫。

况钟于宣德五年（1430年）七月到任。况钟本人就是吏员出身，深知吏治积弊，因此他决定先从整顿吏治入手。苏州府赋役繁重，胥吏多是奸猾之徒，最为难治。况钟到任之初，不动声色，暗中对属吏进行考察。况钟处理政务的时候，这些吏员环立在他周围请判牒。况钟假装对政务不懂，询问左右，对于一些无关紧要的事务，大都按照这些属吏的意思进行办理。这些属吏非常高兴，认为新来的知府愚庸无能、糊涂可欺。

三天后，况钟召集群吏，责问他们："先前有的事应该做，你们不让我做；有的事不该做，你们却让我做。你们贪赃枉法，欺上瞒下，罪当死。"同时，他还当众宣读皇帝所赐的敕书，其中有"属下官员有作恶害民的，你可以逮起来送到京城"的话。这些属吏听了，大惊失色。况钟一一宣布他们贪赃枉法的罪行，并将情节特别严重的几个人立刻处死。这些属吏看见况钟做事坚决果断，而且很有智谋，没有人再敢冒犯欺瞒他。随后，况钟又裁撤了一大批平庸无能的属官，还惩治了一些犯有贪污罪的官员。当况钟把贪污犯和赃款押解进京时，宣宗皇帝很重视，对众臣说："知府是一地的表率，身体力行必定从廉洁奉公开始。况钟肯定是廉洁的人，廉洁之后才能去贪。知府能秉公肃贪，则贪官一定会有所收敛！"果然，通过况钟的整治，苏州官府的坏风气得以扭转，吏治逐渐清明，百姓也大多遵纪守法了。

况钟上任后发现，苏州府税粮过重这个迫切需要解决的难题是有历史原因的。元末，苏州府、松江府等地都是张士诚的势力范围。在朱元璋统一全国的过程中，张士诚以苏州府为根据地，与朱元璋部展开激战。所以，朱元璋登上皇位之后，迁怒于苏州府的百姓，加重了这一地区的田赋。当时，户部有些官员也认为苏州府的土地较其他地区肥沃，因而有意让苏州府承担更多的国家财政支出。比如，当时苏州府负担的夏税秋粮有 281 万石，而全国的夏税秋粮总数才3000 万石左右，耕地面积只占全国耕地面积 1.1% 的苏州府，却要承担全国赋税的 9.4%。百姓经济负担过于沉重，便发生了大规模的人口逃亡和土地抛荒等现象。虽然朝廷也曾下宽恤诏，减免赋税，但苏州府的税粮征收已经困难重重。至况钟到任，苏州府拖欠税赋已有四年之久。

在工部左侍郎衔巡抚江南诸府、进士出身的同乡周忱的支持下，况钟多次上奏疏请求核减苏州府的重赋。一开始，周忱与况钟亲自进行调查研究和核算，提出核减官田税粮共计 70 余万石的方案。可是户部认为核减数额过大，会对朝廷的财政收支产生影响，没有批准。之后，针对昆山县（今江苏省昆山市）大面积无人耕种而抛荒的田地，以及被水淹灌、无法种植的沿河滨海田地，况钟请求豁免秋粮，两项合计近 15 万石，户部依然驳回不准。为核减本地的税粮，况钟进行了艰苦的努力。直至宣德七年（1432 年），宣宗皇帝亲自过问核减官田税粮的事，况钟的请求才在户部获得准许。这样就大大减轻了苏州百姓的负担，使他们能够安居乐业，也有利于社会的安定。况钟还针对杜绝税粮缴纳时存在的弊端，提出了切实可行的办法。他制定了严格而统一的制度，从严管理税粮缴纳凭证，各仓库用的簿册要编号，还要填写清楚发放日期，不许涂改，一式三份，便于查核、明确责任。他的建议被朝廷采纳，使税粮征收过程中出现的弄虚作假、侵吞税粮的现象大为减少。

理政以治吏为先

为什么苏州难治呢？原因要从明朝初期朱元璋大力反腐说起。其实，他在位的 31 年一直在大刀阔斧整肃吏治。在明初年间，大约有 15 万个贪官人头落地，全国 13 个省从府到县的官员很少能够做到满任，大部分都被杀掉了。"重典治吏"短期有效，但随着时间的推移，威慑作用逐渐减弱，既得利益阶层不断增多，反腐阻力日渐增大，很多贪腐案件最后不了了之。正如朱元璋所哀叹的：我欲除贪赃官吏，却奈何朝杀而暮犯！出现"天下繁剧难治之府"有九，这九个府是苏州、松江、常州、嘉兴、湖州、吉安、开封、温州、琼州。在这些府中，又数苏州更甚，赋税繁重，官员冗多而腐败，百姓不堪负担。苏州地处要冲，周边驻军很多，驻军的扰民问题也很严重，他们甚至公开在长江、太湖中抢劫商船，杀人越货。此外，民风奢靡，重享乐、工巧取，妓院、赌场遍布大市小镇，地痞恶少拉帮结伙，横行城乡，社会风气与治安状况十分恶劣。况钟在这种恶劣的情况下出任苏州知府，挑起了治吏肃贪的重担。

况钟出身于吏员，深知吏治中的积弊，认为法不立则难除奸吏。他秉承"明主治吏不治民""施政以治吏为先"的原则，将施政的第一刀砍向吏弊大毒瘤。一个月后，况钟召集所属吏胥及当地百姓当堂宣布两条政令。第一，清除吏员中的腐败分子。对于六名严重作奸犯科的吏胥，况钟一一列出他们所犯罪行，当堂宣告依律处死，并将其罪状张榜遍示城乡。第二，惩治民间恶势力。他命令里老们秉公迅速把自己辖下的人户分列善恶两簿并报上来，而且里老们要一月一报，一年一较。他设计了善恶簿册的格式和栏目，当堂发放印制好的簿册。按规定，积大善有大赏，累大恶受重惩，有小善则嘉勉。

这一举动使在场的人们感到十分突然，一些吏胥更是被吓得颤抖不已。不久，况钟通过调查，以贪污罪逮捕了通判赵忱、府经历（知府属官）傅德、常熟知县任豫，以无能之过罢免了昆山知县汪士铭等12名县级官员，将贪虐庸懦的僚属全部斥退。清军御史李立在增补军户时为政暴虐，府同知张徽秉承李立的意旨，动不动就用酷刑压制平民，把他们充军。况钟将此案上奏朝廷，被免职的有160人，涉案的1240

人都得到了相应的处理。从此，全府大震，人人奉法，人称况钟为"况青天"。况钟的这些措施整饬了地方吏治，也为他树立了很高的威信，苏州府的社会风气与治安问题得到了改观。

况钟清楚，要想扭转苏州的社会局面，还是要解决实际问题，根本在于把苏州人民从重负下解脱出来。为此，况钟访问农户，了解税粮负担实情。他又据情报请朝廷减税，把七县中所遗的官田2980余顷减税发给3340多户耕种，这些人都是被"永远取消户籍去边远地方充军"的人。原来还有一种役马制度，百姓要定期向政府提供役畜，到期就要还给百姓，可政府已经30年没有遣还了，于是况钟申请朝廷准允地方政府按规定遣还。过去政府向民间征布，别的州府征收100匹，而苏州竟征收多达700匹。况钟认为这很不公平，应该调整，于是他就此事及其他许多不合理的事向朝廷奏请予以纠正。皇帝都批准了。

况钟并不是单纯地恳求减免，而是与巡抚周忱合作，制定出许多积极的具体措施。例如农户纳粮，就近入仓，把免除长途解粮节省下来的耗粮一半直接让农民得利，另一半用来作为济农仓的本金，无息贷给贫苦农民，扶助他们的生产与生活。济农仓是况钟的一个创造性措施。此外，他还制定了纳粮勘合簿、力役仓等利民措施。当时，人们赞扬况钟的这些措施说："周密而不疏，施行甚易而不烦。"

况钟除了设置两本簿籍记录乡民的善恶以扬善惩恶外，还设立通关勘合簿，防止出纳时行假作弊；设立纲运簿，防止运夫偷盗侵没；设立馆夫簿，防止无理的需求。他兴利除害，不遗余力，铲锄豪强，扶植良善，民间将他奉若神明。以前，太监奉使织造采办和购求花木禽鸟的差令接踵而至，府中僚佐以下官吏动不动便遭他们绑打，还有卫所将士军卒时常欺凌百姓。况钟到任后，这些恶吏都敛迹不敢再放肆。即使上级官员和其他省的官吏经过苏州，也都从心里对况钟有所畏惧。

况钟虽然出身于刀笔小吏，却重视学校教育，礼敬文人儒士，贫寒之家的读书人多有受其恩惠和帮助者。有人向况钟推荐一个叫邹亮的人，经过审核属实，况钟想要举荐他。此时有人写了匿名信诋毁邹亮，况钟说道："这是想让我更快地帮邹亮成名啊。"他当即奏明朝廷，朝廷召授邹亮为吏、刑二部司务，后升任御史。

当初况钟当吏员时，吴江人平思忠也由吏员起家，任吏部司务，对况钟有恩。后来，况钟多次约请平思忠，接待时非常恭敬，并且让他的两个儿子到自己属下做事。况钟说："并非我没有仆役，这是想借此报答您。"平思忠家素来贫寒，但从来不靠旧交情而有所请托。世人皆称赞他们两人都是贤德之人。

宣德六年（1431年），况钟继母去世，遵照当时的封建礼制，他要辞官回家守孝。这样一来，苏州的"天又黑了"，风气又变了。很多官吏又重新做坏事，百姓又吃苦头了。他们认为都是况钟不在的缘故。于是，数万苏州百姓联名奏请朝廷要况钟回来。朝廷为此下诏命他戴孝起复留任，时隔十个多月，况钟又被派回苏州。正统六年（1441 年），况钟苏州知府的任期已满，应当升迁。府中百姓两万余人，前往巡按御史张文昌的官邸向其请命，请求让况钟留任。明英宗下诏况钟晋食正三品俸禄，留任苏州知府。

况钟在其任期内，还着手选拔若干德高干练人员充实到州府、县衙做吏员。他曾轮流亲至七县问案治狱，制定革除圩长、钦奉清军、戒奢侈、严贼盗、绅士约束子弟等榜示法令，有力地整顿和改善了社会秩序与风气。

秉公断案《十五贯》

况钟秉持爱民如子、疾恶如仇和明察秋毫的品德，审断了许多刑事和民事案件，大大改善了苏州的政风和民风。案子很多，最为突出的要数一桩涉及两条人命的错案。这个案子并非况钟在苏州府衙所断，而是他作为知府去无锡县（今江苏省无锡市锡山区）监斩时偶然遇到并处断的。

有一天，况钟奉命连夜监斩常州无锡县的两名人犯，他们犯的是通奸谋财害命之罪。临刑前，两人不约而同齐声喊冤枉，凄凄惨惨呼救命。经验丰富的况钟从二人的申辩中，察觉到此案有冤情，认为判处死罪还缺乏真凭实据，斩不得！但他只是奉命监斩，此案已经按规定原审、复审、朝审，三审定案，要想复查实在困难。而苏州知府无权审理常州的案件，更无权翻案。况钟提起朱笔犹豫再三，他深知这支笔非同一般，一旦画押就会两条人命不保，明知二人有冤，还要错杀，他哪里还算得上清官？

在危急关头，他冒着违反官场常规和丢官的危险，果断决定去巡抚院向巡抚申诉两名囚犯的冤情，要求暂缓数月斩首，待他查明实情再行定夺。可这位巡抚怕影响自己的前程，责怪况钟擅离职守，越俎代庖。况钟据理力争，并以御印作抵押。最后巡抚只给他半月期限，并威吓他说："如果半月之内查不出结果，就奏明皇上，责任将由你况钟来负。"

时间如此紧迫，后果吉凶未卜，但况钟一心为民作主、不顾自身安危的崇高品德，让他顾不了这些。于是他抓紧时间，亲自深入现场调查。他不顾别人的嘲讽，乔装扮成江湖上卜卦的测字先生，在百姓的帮助下，以其聪明才智、细致的分析和善变的辞令，找到了真正的凶手并让其受到律法的严惩，两个冤民也得以平反昭雪，保住性命。

原来，无锡县城有个屠夫尤葫芦，生活贫困，想做小生意，却无本钱，便向姨娘家借了铜钱十五贯，开了肉店。晚上，他喝得醉醺醺地回到家中，继女苏小姐见爹爹拿回这么多钱，便问钱从哪里来的。爱开玩笑的尤葫芦，不假思索地对继女谎称"我把你卖了，这是卖身钱"，而后就昏昏入睡了。

苏小姐悲痛不已，本想求父亲退回卖身钱，可是尤葫芦熟睡不醒。苏小姐不愿为奴，只得连夜出逃。半途迷路，恰好遇见帮人做生意的小伙计熊某，相识的二人便一起同行。苏小姐逃出家门不久，城中专靠赌博为生且已输光了赌资的地痞娄阿鼠，溜到街上伺机行窃。他见尤葫芦家大门未关，灯火未熄，便溜进屋里，一见尤葫芦呼呼大睡，枕边还有一袋铜钱，这真是天上掉下来的馅儿饼！他惊喜万分，蹑手蹑脚去偷钱，不料惊醒了尤葫芦。娄阿鼠狗急跳墙，抓起尤葫芦的肉斧，杀死尤葫芦，抢钱后落荒而逃。

第二天清晨，邻居发现尤葫芦被害，他女儿苏小姐不见踪影，而且家里有被翻乱的痕迹，地上还掉了半贯铜钱。大家把这些情况加在一起，便认为是苏小姐谋财害父。众邻居一面报官，一面快速分头追赶苏小姐。有一路终于追上了，但见苏小姐与一陌生男子同行，而且这男子身上背着沉甸甸的口袋。乡邻就凭想象认定苏小姐和这男子是犯罪嫌疑人，将他们押送到县衙。知县审案时，不让二人申辩，不管二人有无关系，也不顾男子所带之钱的来历，只凭正好也是"十五贯"分文不差和二人同行的表象，便推断他俩是通奸、谋财、害命的凶犯。衙吏动用大刑，逼迫二人招供画押。事实证明，知县的思想方法和办案作风都有严重问题，太武断和"想当然"了，制造了冤案，险些错杀了两个好人。

况钟作为封建时代的官吏，能够体察民苦、了解民情，刚正不阿，执法严明，断案不搞逼、供、信，注重调查研究和真凭实据，反对主观、武断和想当然，尤其不顾自身的得失，以求司法公正。这种精神为历代人民颂扬和称赞，为消除主观主义的审案思维和避免制造冤、假、错案树立了榜样。后人把这个故事改编成剧本《十五贯》并以多种戏剧形式上演，尽管其形式各异，但它们都深受群众喜爱。

清风两袖去朝天

苏州是一个繁华富庶的地方，是江南巡抚的治所。主办织造的太监、往来于沿江沿海的卫所军官、地方的乡宦豪富，都是当地权势显赫、违法害民的豪强。况钟刚正不阿，不向官宦、豪强低头，对欺压人民、横行不法的官宦、豪强均予以坚决的打击。他到任苏州后，经过一个多月的调查，当众处死了6个贪赃枉法的胥吏，又对苏州府管辖下的官吏进行考核，"出贪墨者五人，庸懦者十余人。郡中不寒而栗"。他这种不畏权势、伸张正义的行为为世人所称颂。李贽说："大抵钟为治，专豪狡，抚良善。"《明史》记载："兴利除害，不遗余力。锄豪强，植良善，民奉之若神。"翰林编修周述说他"击锄豪强，赈恒穷困"。连批评他是"轻听躁动之人"的晚明文学家沈德符，也不得不肯定他"能抑豪强""而得到人民的称誉"。

明朝军人立有军籍，是世袭的。在卫所当兵的死了或逃亡了，要在原籍征调其子孙充补。宣德三年（1428年），御史李立、同知张徽奉命到苏州清理军籍，百姓惨遭迫害。《吴江县志》记载："县民被冤为军者四百七十三名，而被杀者不可胜计。以一府七县计之，则其数愈多矣。"况钟上任后，看到这些受尽冤屈的平民百姓"扶老携幼，填塞道路，号哭呼天"，他问明缘由后上奏皇帝，指出："今用事之人舞文法外，不择当否，悉驱罗网而骈弩之。其意以能为国家益数千百辈军，殊不知事体非宜，为国生怨，其失尤大也。"在况钟的奏请下，160人被免除了军役，1240人只身服役，免除世役。

苏州官田的租税非常重，一亩田"科米不等，少者一斗三升至四升止，多者自五斗至三石"。明宣宗虽然下了诏书减官租，但没有得到贯彻。况钟上奏请减官租，被户部驳回不准，他一再上疏，指出如果不减，"仍照旧额征粮，有违恩命，抑且失信于民"。经过多次上奏力争，奏疏终于在宣德七年（1432年）得到宣宗批准，减去官田租七十二万一千六百石，荒田租十五万石，使被沉重租税压得透不过气来的苏州人民松了一口气。接着，他率领苏州民众疏浚河道，兴修水利，促进了苏州地区农业生产的发展。他还建立济农仓，赈济灾民。

苏州前任知府对讼案"累年莫决，囚多死于淹禁"。况钟上任后，着手处理这些积案。苏州府管辖七个县：吴县、吴江、长洲、常熟、嘉定、昆山、崇明。况钟一个县一个县地轮流审决案件，不到一年，"勘部过轻重囚一千一百二十余名，吏不敢为奸，民无冤抑，咸颂包龙图复生"。明冯梦龙《警世通言》有一篇《况太守断死孩儿》，赞扬"况青天折狱似神"，也是一个佐证。

况钟还很重视学校教育和人才的培养。他"兴学礼士，苏人至今育之"，对贫穷的读书人给予接济，对有才学的还向朝廷举荐。祝允明说况钟："于庠校师徒加礼……师徒每入郡白事，必延之内室，坐而啜敬谈笑，愉然不衰。如以私事至，则慢之。"可见况钟对学校师生的重视和优待，但不徇私开后门。

况钟为官清廉。他在《示诸子诗》中说他自己"虽无经济才，沿守清白节"，告诫他的儿子"非财不可取，勤俭用无竭"。这足以证明他以俭约律己的生活态度。他生前俭省，死后薄葬。

况钟在苏州任内勤于政事，忠于职守，除奸革弊，为民办事，深得苏州人民的爱戴。苏州人民编了首歌谣："况太守，民父母，众怀思，因去后。愿复来，养田叟。"人们还把这首歌谣抄在纸上，贴遍了苏州的大街小巷。

宣德十年（1435 年），况钟进京述职，苏州人民怕他因政绩优异升官离去。况钟起程时，"士耆民庶咸候上道，且控舆卧辙"，舍不得他走。第二年（正统元年），在苏州官府和百姓的一致要求下，况钟终于再次回到苏州。

正统四年（1439 年），况钟任苏州知府已 9 年，要赴京城考绩，朝见皇帝。在明朝，地方官进京朝见，一般都要带上搜刮来的金银珠宝、土特名产，送给京城里的官宦权贵。当时民间流行的一首歌谣唱道："知县是扫帚，太守是畚斗，布政是驻袋口，都将去京里抖。"而况钟进京朝见，却两手空空，不带一锱一铢。

他赴京临行时，作诗和前来饯行的苏州人民告别，其中二首如下：

其一

清风两袖去朝天，不带江南一寸棉。

惭愧士民相饯送，马前洒酒注如泉。

其二

检点行囊一担轻，长安望去几多程。

停鞭静忆为官日，事事堪持天日盟。

清官之名誉全国

况钟在忙于政务之余，还喜好写诗。他的诗作以规劝诗为主，有一定的思想性和艺术性。比如对农民，有《劝农诗》二首：

其一

嗟我微材愧牧民，车驱有句向农申。

人生务本惟耕凿，世道还醇重蜡豳。

粒粒皆从辛苦出，般般无过朴诚遵。

迩来弊革应须尽，并戴尧天荷圣仁。

其二

田歌四起韵悠扬，阡陌循行劝课忙。

父老挈觞随旆右，儿童驱犊驻车旁。

丰穰有光流亡免，游情无民风俗良。

早纳官租多积谷，防饥防盗乐无荒。

这两首诗表现了一个正直、清廉的封建官吏一方面维护封建统治阶级利益的急切愿望，另一方面又希望百姓能安居乐业的爱民心情。这可以说是全面表现况钟精神风貌的代表作。尽管他一切作为是以封建统治阶级利益为前提的，但不可否认的是，他力图兴利除弊，期望治下百姓丰衣足食，而且他懂得农民的艰辛，处处体现爱民情怀。因此，当他任满离开苏州时，老少百姓都自愿为他送行，而他自己却是"不带江南一寸棉""检点行囊一担轻"，这正是他为官清廉的写照。

对于后代的教育，有《又勉子侄诗》：

存心立品贵无差，子孝臣忠两尽嘉。

惟有一经堪裕后，任贻多宝总虚花。

膏腴竟作儿孙累，珠玉还为妻女瑕。

师剑古箴传肖者，取之不竭用无涯。

作为一个封建官吏能如此对待自己和教育后代是难能可贵的。

正统七年（1442年）十二月，况钟卒于苏州任所，享年60岁。他死后，苏州黎民百姓悲伤不已，纷纷休市。他的灵柩经水路运往故里靖安县时，"民多垂泣送其柩归"。运载况钟灵柩的船中，"惟书籍，服用器物而已，别无所有"，十里苏堤之上站满了祭奠的人。后世在苏州府所属七县都建了况公祠，百姓家中均立况钟牌位祭祀。后人将其文稿编成《况太守集》。

明初经洪武（1368—1398）、永乐（1403—1424）两朝

严治之后，仁宣二帝当政时政治、经济进入一个相对宽松时期，国家从政治、经济的绝对集中造成的国富民穷向藏富于民转变。应该说，在巡抚周忱的支持下，况钟治下的苏州十分突出地执行了这一方针，并且取得了成效。史书中说况钟是"承宣德化，为天子分忧者"，而他之所以能够做到这一点，与其刚正廉洁的为政之风是分不开的。对于他刚正清廉的思想品格和深入实际的求实精神，优秀传统戏曲《十五贯》①作了较深的刻画，至今仍在人们心目中留下难忘的印象。

1956 年，昆剧《十五贯》进京上演后，经毛泽东、周恩来推荐观看，况钟的清官之名享誉全国。2014 年 7 月，江西高校出版社出版发行了长篇历史小说《清官况钟》，该书全方位刻画了一个刚正不阿、智勇双全、情义兼具、受民爱戴的清官形象，激励国家公职人员树立高尚的职业操守。

廉政智慧

接地气、察民情、聚民智、惠民生，民有所呼、我有所应。

---

① 《十五贯》是清初戏曲作家朱雍创作的传奇。剧本根据《醒世恒言》中的《十五贯戏言成巧祸》改编而成，原作写的是熊友兰、熊友蕙兄弟遭受冤案，双双被判死刑。监斩前夜，苏州知府况钟梦见有两只熊前来向他哀求，于是上奏请求复审，平反了冤案。此剧揭露批判了主观臆断和循规蹈矩的官僚作风，歌颂了实事求是的精神。

廉政教育

有权就有责，权责要对等。问责不能感情用事，不能有怜悯之心，要"较真"、"叫板"，发挥震慑效应。

——习近平：《在第十八届中央纪律检查委员会第六次全体会议上的讲话》（2016年1月12日）

廉政点评

从严治吏提振民心民意

况钟是明代一位深受百姓尊敬的清官，苏州人民称他"况青天"——和包拯"包青天"、海瑞"海青天"并称中国民间的三大青天。昆剧《十五贯》，使况钟刚正清廉的思想品格和深入实际的求实精神传播开来，在人们心目中留下了难忘的清官廉吏印象。

中国作为世界著名的文明古国，法治的传统源远流长，法律文化的内容丰富多彩。惩贪之法早在皋陶造律时便已见于古书记载："恶而掠美为昏，贪以败官为墨，杀人示忌为贼。"由于官吏是私有制社会的产物，因此随着官吏的出现，不可避免地滋生利用权力掠取财物的贪污现象。在国家机器中，官员是执行国家职能的具有人格的重要工具。为了发挥其治国理政驭民的作用，首先要治官，而治官的基本要求是察之以廉，绳之以法，这就是惩贪成为最早的法律内容的原因。

知史可以鉴今。汉文帝从严治吏，开创了封建社会第一个盛世"文景之治"；宋真宗颁布告诫百官的《文武七条》，为"咸平之治"打下坚实政治基础；朱元璋修订《大明律》，重典治吏、铁腕肃贪，创建了明初盛世；清世宗雍正推进高薪养廉，史有"雍正一朝，无官不清"的美称。新中国成立后，毛泽东提出"治国就是治吏"，声势浩大地开展"三反"运动，先后处死刘青山、张子善等七个贪官，换来清风朗月的政治环境。党的十八大以来，习近平总书记提出"从严治党，关键是从严治吏"的重要论断，一脉相承、一丝不苟地坚持了"治国先治吏"的历史经验，以中央八项规定为起始，以作风建设为突破，以反腐倡廉为震慑，着力解决许多过去被认为难以解决的问题，特别是持续清除腐败分子，从严治吏常态化格局正在形成，党心民心得到极大提振。

时代呼唤况钟这样的清官廉吏，只有官清吏廉，才能民心归顺、国泰民安。整饬吏治素为治国之要，这是铁律。全面从严治党，首先要管好党员领导干部。因为党员领导干部是管党治党、治国理政的组织者和实践者，一言一行具有重要的示范导向，直接关系到一方政治生态的优劣，甚至影响国运的兴衰。但是，当前有令不行、有禁不止的现象仍时有发生，党面临"四种危险"的严峻形势还没有改变，党风廉政建设和反腐败工作任重道远。这些现象和问题警示我们，全面从严治党，务必抓住领导干部这个"关键少数"，须臾不可松懈。

社会发展的实践表明，吏治腐败，必然导致"四维不张，国乃灭亡"。治党治吏、正风反腐具有长期性、复杂性，一边要狠抓制度执行，一边要剑指沉疴痼疾，达到既治标又治本的双重效果。党的十八大以来，党中央立足新形势、新任务，总结新实践、新经验，直指新矛盾、新问题。现在的问题是如何把党内法规制度落实到位，用制度治党、管权、治吏，做到问责一个，警醒一批，教育一片，决不能让制度成为纸老虎、橡皮筋，造成"破窗效应"。同时，紧密结合我们身边的腐败案例，寻找漏洞，吸取教训，筑牢扎紧制度的笼子。只有动真格、敢碰硬，零容忍、全覆盖、无禁区，不断巩固压倒性态势，才能深化不敢腐，促进不能腐，推进不想腐。

八

能吏寻常见，公廉第一难

——海瑞：铁面无私以死谏

海瑞（1514—1587），字汝贤、国开，自号刚峰，人称刚峰先生，广东琼山（今海南省海口市）人。他生活的年代，正是明王朝由盛及衰的转折时期。国家表面一片升平，其实危机四伏。海瑞年轻时，便对社会问题给予了极大的关注，写了两篇策论——《治黎策》《平黎策》。放弃参加科举考试后，他出任福建地方教谕。后进入官场，历任知县、州判官、尚书丞、右佥都御史等职。在户部供职时，出于对国家财力的忧虑，为进谏迷信道教、一心求仙而纵容各地大兴土木修建庙坛道观的嘉靖皇帝，海瑞以六品小官身份抱着必死决心毅然上疏。这次他呈上的奏疏就是有名的"直言天下第一事疏"，后人称为《治安疏》。奏疏惹怒了嘉靖皇帝，海瑞被打入大狱。好在不久嘉靖病逝，新帝听从了丞相徐阶的劝说，海瑞获得赦免，官复原职，并逐步升至应天府巡抚等职。之后，他为匡正时弊，严肃法纪，力主恢复、施行太祖朱元璋制定的"八十贯绞"等严刑。

铁面无私的海瑞，对一直有恩于他的老丞相徐阶也毫不留情，将徐家仗势多占的40万亩良田退还原主，将欺压良民的徐阶的两个儿子及 20 多个家人依律问罪。纵观海瑞为官之路，历经嘉靖、隆庆、万历三朝，他多次冒死进谏，虽然是为了维护封建统治阶级的根本利益，但严于执法、除暴安良、生活清廉、同情百姓、招抚流民、注意发展生产、兴修水利、限制大地主无止境的盘剥、改革落后的风俗习惯等诸多善政得到了百姓的广泛拥护，其行为具有不可否认的历史进步意义。

他为政清廉，洁身自爱，为人正直刚毅，职位低下时就敢于蔑视权贵，从不谄媚逢迎。海瑞一生忠心耿耿，直言敢谏，曾买好棺材，告别妻子，遣散童仆，冒死上疏。他平生清贫，抑制豪强，安抚穷困百姓，打击奸臣污吏，因而深得民众爱戴。后人称他为"海青天"，与宋代包拯齐名。他的生平事迹在民间广泛流传，成了许多戏曲剧目的重要素材。

海瑞的祖先原籍福建，南宋时家族中曾出过有名的官吏，祖上有个名叫海俅的人后来从福建迁居广州。其后人海答儿在明朝洪武年间从军到海南岛琼山海厔落户，繁衍生息，成了当地的望族。海瑞祖父海宽，中举后出任知县。海瑞的父辈共有 5 人，其中 1 人官至四川道监察御史，另有 3

人也中举了。唯独他父亲海瀚一事无成，是个不顾家的浪荡公子。所以海瑞出生时，家境已大不如前。海瑞 4 岁时，父亲去世，从此，海瑞与年仅 28 岁的母亲谢氏相依为命，靠祖上留下的十余亩田维持生活。性格刚强的谢氏把全部精力都倾注于勤俭持家和培养儿子海瑞两件事情上。

孤儿熟读经书有建树

为了使海瑞有一个较为稳定的生活环境，同时也为他的学业提供条件，寡居的谢氏依靠亡夫留下来的十余亩祖田维持母子俩的生活，做女红贴补家用。同时，为让海瑞打下坚实的学业基础，谢氏肩负起本应属于父亲的责任，亲自教海瑞《孝经》《大学》《中庸》等典籍，让海瑞从小接受中国传统文化的熏陶。后来，在为海瑞挑选老师的过程中，谢氏几经选择，反复比较，谨慎而严格，不敢有半点疏忽。谢氏悉心培养儿子的故事，在当地传为佳话。

海瑞渐渐长大了。为了让他广泛接触社会、了解民生，谢氏积极鼓励海瑞与底层民众打交道，切身体察民间疾苦，并让他学会通过现象分析事理。于是，青少年时期的海瑞在攻读诗书之余，有目的、有计划地进行底层民众生活的调查。这些经历对海瑞日后走上守廉治贪之路产生了巨大的影响。

　　青年时的海瑞，已逐渐体现出刚直坚韧的个性。海南岛是海瑞的出生地，也是他早年生活的地方，当地的汉族与少数民族黎族分区聚居。黎族中的大多数人居住在五指山山区，汉族则大都居住在沿海一带。汉族和黎族都受到封建统治阶级的压迫，处境艰难。连年的战争使得海南岛满目疮痍，各族民众尤其是黎族百姓的生活更为穷困潦倒，民族矛盾也异常尖锐。

　　在谢氏的鼓励下，耳闻目睹此番情状的海瑞，在做了广泛深入的实地调查之后写出了一篇题为《治黎策》的文章。这篇文章客观描述并深刻分析了海南岛各族民众，特别是黎族民众当下的生活状况，提出了一系列解决黎族人民受压迫问题的建议，很有见地和新意。海瑞正是凭借此文，于明嘉靖二十八年（1549 年）在广州中了乡举。谢氏对儿子的进步十分欣喜，对海瑞也怀有更高的期望，对他的引导和教育也更严格了。

走向仕途不同流合污

　　海瑞于嘉靖二十八年中举，时年已 35 岁的他跟着当地学官等人来到北京城。在御史衙门，从代理南平县教谕、学官，到部属官吏都伏地通报姓名，唯有海瑞站着作揖行礼，大家都认为海瑞失礼。海瑞解释说："到御史所在的衙门当行部属礼仪，这个学堂，是老师教育学生的地方，不应屈身行礼。"大家都佩服海瑞的胆量和气节。这次晋见，海瑞呈上他的《平黎策》，建议开辟道路，设立县城，用来安定乡土。有见识的人赞扬海瑞的设想。不过，海瑞的科举之路并不顺利，他两次进京参加会试均未考中。此时已经41岁的海瑞不忍心看着年老的母亲操持家计，他决定放弃继续参加考进士的科举考试，等待朝廷为举人分配不入流的官职。嘉靖三十二年（1553年），海瑞被授予福建延平府南平县学教谕之职。

延平府的督学官到南平县视察工作，海瑞和另外两名教官前去迎见。在当时的官场上，下级迎接上级，一般都是要跪拜的。因此，随行的两位教官都跪地相迎，可海瑞却站着，还是只行抱拳之礼，三人的姿势正好呈"山"字形的笔架，海瑞由此落下"海笔架""笔架博士"的雅号。海瑞拒绝下跪，让这位督学官大为震怒，他训斥海瑞不懂礼节。

海瑞不卑不亢地说："按大明律法，我堂堂学官，为人师表，对您不能行跪拜大礼。"这位督学官虽然怒气冲冲，无奈海瑞说得在理，他拿海瑞也没有办法。

过了几年，海瑞的考核成绩优秀，嘉靖三十七年（1558年）春天，他被提升为浙江省淳安县知县。海瑞是年五月到任淳安知县后，仍和过去一样，平时穿布袍、吃粗粮糙米，让老仆人种菜自给，完全过平民的生活。其时，母亲谢氏跟随海瑞调动，一起生活已多年。

淳安县地处浙西山区，土地贫瘠，民不聊生。然而，淳安县又处于新安江边，是水陆交通的要道。在此经过的朝廷使臣、官僚很多，他们都要淳安县衙予以接待，所需银两不得不摊派到普通百姓头上，民众苦不堪言。母亲谢氏通过普通民众了解到很多深层次的实情，告诉海瑞关于淳安县"富豪享三四百亩之产，而户五分厘之税；贫者产无一粒之收，虚出百十亩税差"等不公正的现象。谢氏分析眼下这种状况的利弊得失，再联想自己昔日的艰难，讲得动情时不禁潸然泪下。

海瑞全神倾听并一一记下，他向母亲保证，将这些问题列为自己任内的首办之事，非办妥不可。海瑞迅速下令，废除本地官员进京朝觐时旅费及馈赠京官的礼金均按里、甲摊派的做法，减轻了老百姓的负担。他自己两次进京朝觐，轻车简从，有限的费用均由衙门报销。接着，海瑞又废除了知县向出巡的巡按御史、分巡道、分守道等官吏馈送银两，而且也摊派至各里、甲的旧规。百姓无不称赞。

一次，浙江总督胡宗宪的公子路过淳安县，索要钱财和超规格的接待，驿吏按海瑞在淳安颁布的《兴革条例》来接待他。这个公子哥非常不满，便迁怒于驿吏，竟把驿吏倒挂起来。海瑞赶到现场，严肃地说："你说你是胡总督的公子，过去胡总督按察巡部，命令所路过的地方不要供应太铺张。

现在你这个人行装丰盛，一定不是胡公的儿子。"并命令随从打开胡公子的行李，见有金子数千两，便下令收入县库，一边派人快马报告总督胡宗宪。胡宗宪知道儿子干了坏事，自知理亏，也就没有责怪海瑞。

严嵩的铁杆亲信、副都御史鄢懋卿巡察路过淳安县，当地供应的酒饭有些简单，招致其不高兴。对此，海瑞明言县邑狭小，不能容纳众多的车马，只能一切从简。鄢懋卿十分气愤，但他早就听说过海瑞刚正清廉的名声，只得收敛威风，悻悻地离开。不过，鄢懋卿并未死心，嘱咐巡盐御史袁淳，要求治海瑞和慈溪知县霍与瑕的罪。霍与瑕是什么人？他是礼部尚书霍韬的儿子，也是个坦率正直、不谄不媚的人，对鄢懋卿那一套很反感。当时，海瑞已被提拔为嘉兴通判，尽管他无可指摘，但因为此事未能赴任，而前往吏部另听调遣。

听母亲的话守廉治贪

当时有好心的人提醒海瑞：你这样刚正不阿的做法，很可能会耽误自身的前程，失去进京当官的机会，毕竟向上司行贿早已成为风气，不是你个人的力量抵制得了的。海瑞反问道："要是所有的地方官吏都不行贿，是不是就没有人调升京官了？要是所有地方官吏都行贿，是不是就没有一个人降职或获罪了呢？”

母亲谢氏对海瑞的做法十分赞赏，她鼓励海瑞道："即使粗菜淡饭、偏居乡野，只要能坚守人格的纯洁，都是值得的。"受到母亲的赞许，海瑞更坚定了守廉治贪的信心。他多次表示：在他周围的人中，唯有母亲的话语，是他必须倾听且老老实实地执行的。

不久，朝廷外差、国公张志伯带领兵部吏员百余人，扯着"奉天巡察"大旗，自京城南下，假借巡察名义，一路勒索财物。沿途州县无不胆战心惊，也无不送财以图苟免了事。得知张国公一行即将抵达淳安，海瑞在家中长吁短叹，不时握拳击案，恨不得立刻手缚那一众贪官。谢氏一方面劝慰海瑞须冷静处理此事，另一方面又为儿子想计谋，提醒他要与之斗智斗勇。

张国公抵达淳安县后，手下的旗牌官果然如狼似虎，抢先来到县衙，向海瑞索取财物。海瑞以对方"擅作威势，公堂谩骂，欺藐官长"为由，下令将其拘留并知会张国公。张国公大惊，随即来到县衙斥问缘由。海瑞随即从袖里取出一个算盘来，当众计算道："国公一路南来，大约共收取赃私三百万银两！"张国公自知海瑞所说的句句属实，满脸羞怒，却更惧怕海瑞的这股刚正的劲头，明白纵然仗势构陷他，自己也不会有好下场。当海瑞对其强调要体恤民情，而且亲自为张国公一行设便宴送行时，张国公只得就坡下驴，放弃在淳安县大肆勒索的妄想，空手而去。

事后，海瑞非常钦佩母亲的计策，称赞母亲是一位治贪的高手。在污浊的官场，许多官员总是以无奈原谅自己的恶行，海瑞的这一行动彻底粉碎了许多官员"情况就是这样，我能有什么办法？"的托词。

嘉靖四十一年（1562年），海瑞调任赣州府兴国县知县。这一不升不降的安排，令海瑞颇有遭遇冷落之感。谢氏看准儿子的心思，及时给予宽慰，重申即使失掉升官的机会，也要保持守廉治贪的作风。海瑞的心很快平静下来，忙碌于民生政务。过了一段时间，浙江总督胡宗宪忽然派人来兴国调查，说有人反映海瑞为母亲祝寿而大开宴席，触犯了有关戒律。通过深入细致的调查，来人得知海瑞确因母亲寿辰而办了庆宴，但仅仅是买了两斤猪肉，其他菜蔬都是海瑞家人和仆人闲暇时在衙后的空地上栽种所得。前来调查的官员不禁为海瑞的清廉所感动，预想中的惩处竟然成了一次无形的表彰！

海瑞又一次对母亲的智慧崇拜有加。因为他原本念及母亲长年的辛劳和付出，想以宴请亲朋好友的形式为母亲好好地庆祝七十大寿，可谢氏坚决不允。她说："即使花费的是自己的钱，但知县的一举一动都被百姓看在眼里，容易被依然生活在穷困中的百姓误解和反感。"她最终只答应在家里小酌一番。海瑞领悟，这正是母亲的谨慎和明智之处。他知道，自己有了敢于直言、守廉治贪的名声之后，很多拥有权势的官员已盯上了他，哪怕是一点点瑕疵，都会被对方大做文章。而母亲此举，是在为自己立德树人，是在给自己做好榜样！所以他尤其敬佩和感激母亲。

享誉历史的上书获罪

嘉靖四十三年（1564 年），吏部尚书陆光祖提出文官选举的主张，于是提拔海瑞为户部云南司主事，官阶仍为六品。海瑞进京城上任，从此以后成为一名京官。不料，他上任不久就发生了冒死上书的大事件。

海瑞为什么要上书呢？因为当时的嘉靖皇帝已进入晚年，长期不去朝堂处理政务，深居在西苑，一门心思地设坛求仙。总督、巡抚等边关大吏争着向皇帝贡献所谓的秘方或有祥瑞征兆的物品，而礼官们总是上表致贺。自从杨最、杨爵十几年前因言获罪以后，没有朝廷大臣敢议论时政，任由严嵩等大臣弄权。海瑞对这一现象十分不满，而且认为其根源和关键在于皇帝。于是他在嘉靖四十五年（1566 年）将皇帝所犯的错误全部列了出来，名为《直言天下第一事疏》，也称《治安疏》，独自呈送皇帝。在此之前，海瑞事先买好了棺材，并且将自己的家人托付给了一个朋友，离别妻子，遣散童仆，做好了死的准备。

《治安疏》批评皇帝沉迷于向神仙祈祷和觅取道家的长生不老秘方、对国家大事独断专行、生活奢华、不理朝政等弊端，直言要求皇帝承担目前朝廷和社会种种弊端的责任，并要求皇帝改变自己的行为，提醒皇帝长生不老秘方之类纯属无稽之谈，劝说皇帝不要相信方士的骗术，应振作起来治理朝政等。

嘉靖皇帝读了海瑞的上书，十分愤怒，把奏疏扔在地上，对左右说："快把他逮起来，不要让他跑掉。"宦官黄锦在旁边说："这个人向来有愚名。听说他上书时，自己知道冒犯龙颜该死，已买了一口棺材，和妻子诀别，奴仆们也四处奔散，没有留下来的。他自己则在朝堂听候治罪，所以他是不会逃跑的。"

嘉靖皇帝听后默默无言。过了一会儿，他又读了一遍海瑞的奏疏，一天里反复读了多次，明白了海瑞的用意，不禁叹息，把奏疏留在宫中好几个月，没有采取任何措施。他还曾说："这个人的忠心可和比干相比，但朕不是商纣王。"

此时正遇上嘉靖皇帝生病，而且病得不轻，心情郁闷不乐，于是召见阁臣徐阶议论禅让帝位给皇太子的事，便说："其实海瑞所说的都对。但是朕现在病了很长时间，怎能临朝听政？"又说："朕确实不自谨，导致现在身体多病。如果朕能够在偏殿议政，岂能遭受这个人的责备和辱骂呢？"

嘉靖皇帝越想越生气，遂下令逮捕海瑞，把他关进了天牢，追究主使的人。可当太监把写好的狱词送上后，皇帝仍然将其留在宫中不发布。但事有凑巧，此时户部有个叫何以尚的司务，揣摩皇帝没有杀死海瑞的心意，于是上书陈请将海瑞释放。本来已经放下的事，又勾起皇帝不平衡的心理。皇帝顿时大怒，命锦衣卫对何以尚杖责一百，并以海瑞同党论处，也将其关进了天牢，昼夜用刑审问。海瑞的案子因此水涨船高，理所当然地成了无头大案了。

关于海瑞的上书，正如后世学者黄仁宇先生在《万历十五年》一书中评价的："这一奏疏的措辞虽然极端尖辣，但又谨守着人臣的本分。"其实，当时朝中许多贤明之士都同情海瑞，首辅徐阶力救海瑞，老臣黄光升则把海瑞上书比拟为儿子骂父亲，以求减轻罪责，并乘机把海瑞留在狱中，营救海瑞时也十分卖力。

就在海瑞被锦衣卫逮捕到东厂押禁之时，他年事已高的母亲谢氏闻听此讯，不免替儿子的生命担忧。但是，在谢氏给海瑞的书信和口信中，都一再提醒他不要轻言绝望，也不要轻易改变自己。海瑞在狱中的十个月，始终神色不变，饮食如常。他的这种勇于面对残酷现实的风度和精神，与谢氏的鼓励和抚慰是分不开的。

又过了两个月，嘉靖皇帝驾崩，明穆宗继位，改国号隆庆，海瑞与何以尚都被释放出狱。这里还有一件有趣的事：提牢主事得知嘉靖皇帝驾崩的消息，认为海瑞不仅会被释放，而且会被重新任用，就提了酒菜来牢中款待海瑞。海瑞见此情景，心想准是将被押赴西市斩首，便恣情吃喝，不管别的。主事看他吃得那样起劲儿，便附在他的耳边悄悄地恭维说："皇帝已经死了，先生现在即将出狱受重用了。"

海瑞惊奇地问："这确实吗？"当听到主事的确认时，随即悲痛大哭，马上吐出了吃进去的食物。在吐的时候，陪他一起吃饭的狱卒都搞不懂怎么回事儿，吓得赶紧躲到旁边。

海瑞被释放出狱，官复原职。不久，升任专管皇帝玺印的尚宝司承，再任大理寺右寺承、左寺承。官阶为正五品，专管平反冤狱；后任南京通政司右通政、南直隶巡抚等职，官至正四品。无论在哪个职位上，海瑞自廉治贪的作风都没有丝毫改变，他的公正执法使许多人沉冤昭雪，使一批为富不仁者得到应有的惩罚。尽管海瑞早已成为百姓心目中的一位大清官，但他始终铭记母亲的恩泽和教诲，尤其是理想志向的引导和个人品性的塑造。

这一点，就连当时的许多官员都极为肯定。在海瑞担任南直隶巡抚期间，海瑞的上司就已呈请皇帝："海瑞之所以刚毅正直，其母亲谢氏的影响不啻首要，谢氏的严格要求和帮助儿子在守廉治贪方面堪称楷模。"不仅如此，这位上司还请求给予谢氏"四品夫人"的头衔，以表彰她长久以来对海瑞的支持和教导。

坚贞不屈与罢官复官

鉴于海瑞的声望和忠心，又受到首辅徐阶的提拔，隆庆三年（1569年）六月，他被晋升为都察院右佥都御史、巡抚应天十府。当时江南土地兼并的情况十分严重，于是海瑞惩贪抑霸，整顿吏治，修浚吴淞江与白茆河，清浚大量良田，安置13万灾民。首辅徐阶家族世代共占田24万亩，百姓向海瑞投牒讼冤的日以千计。他一如既往，惩治贪官，打击豪强，疏浚河道，修筑水利工程，并推行"一条鞭法"，强令贪官污吏退田还民。海瑞也要求阁老徐阶退田，徐阶退了一些，海瑞并不满意，弄得徐阶很难堪，最后退了一半的田地。徐阶三个儿子中的两个徐璠、徐琨被判充军，徐阶之弟侍郎徐陟被逮治罪。

徐阶告老还乡后，他的儿子徐瑛仍仗势霸占民田，气死赵玉山之子，又抢走赵玉山的孙女小兰。赵玉山领着儿媳妇（小兰的母亲）洪氏赴县衙控告。县令王明友受贿，当堂打死赵玉山，轰出洪氏。此时海瑞正任应天巡抚，得知冤情，复审此案。徐阶自恃有恩于海瑞，便代子求情，提出了以田赎罪以了却此案。海瑞指明占田应退，犯法当诛。徐阶恼怒，唆使朝臣弹劾海瑞。由于海瑞在应天巡抚任上进行的一系列改革，从根本上触犯了江南大地主们的切身利益，所以他们联合起来指责他、诬陷他。最后，朝廷以海瑞"志大才疏"为由罢免了他应天巡抚的职务，令其回籍候听调用。新巡抚戴风翔亲自来现场执行对海瑞的罢免仪式，海瑞就在交印之前斩了徐瑛及县令王明友。

万历初年（1573 年），张居正主持国政，虽然他敬仰海瑞，内外官员多次推荐，但海瑞因其严峻刚直的秉性而未获任用，以致闲居家乡 10 余年。在此期间，张居正的儿子在海瑞的家乡参加了一次科举考试。海瑞听说后立刻给考官送信，告诫他千万不要滥权，果然张居正儿子没有考上。张居正很生气，把儿子未能考中归咎于海瑞，命令巡按御史查办海瑞。

御史到海瑞的家乡审查他。海瑞杀了鸡，做了黄米饭招待。御史见房屋冷清简陋，居舍徒有四壁，为海瑞的清廉所感动，竟叹息而去。张居正收到御史的报告后也叹息了一阵，原来想惩治海瑞的心情也没有了。万历十二年（1584 年）冬天，张居正去世之后，吏部拟用海瑞为左通政，万历皇帝向来器重海瑞的名望，屡次要召用海瑞，主持国事的阁臣却在暗中阻止。直到次年正月，海瑞被召为南京右佥都御史，文书发出后，又改为南京吏部右侍郎。海瑞当时年已七十有二了。

海瑞上书说自己已衰老垂死，愿意效仿古人尸谏。谏言的大概意思是：虽然陛下励精图治，但治平教化效果不显著，原因在于对贪官污吏刑罚太轻。大臣们都没有说到这一原因，反而借待士有礼的说法，不主张对贪官污吏进行严惩。待士有礼没有错，而平民百姓被层层掠夺，他们又有什么罪呢？海瑞还列举明太祖时的刑法——"剥皮楦草"，以及洪武三十年定的法律（如枉法赃达八十贯即判处绞刑的规定），说现在应当继续用这样的方法惩治贪污腐化。海瑞关于其他政事的谏言，言语都极为切实。

对于海瑞劝皇帝用严刑惩治贪腐的意见，御史梅鹃柞上奏弹劾海瑞，认为他的意见是错误的。皇帝虽然认为海瑞言论有些过头，但是了解海瑞的忠诚，因此并没有准奏，还免去了梅鹃柞的俸禄。

万历十三年（1585 年）五月十二，海瑞到南京吏部右侍郎任上。此时的他不因自己年事已高而无所事事，仍以整肃吏治、反对贪污为己任，身体力行矫正弊端。可地方官员向来苟且怠慢，有的御史偶尔陈列戏乐，海瑞要按明太祖的法规给予杖刑。百官恐惧不安，都怕受其苦。提学御史房寰恐被举发，先行诬告，屡次上书诽谤诬蔑海瑞，给事中钟宇淳又从中怂恿。海瑞曾七次上书请求告老还乡，但皇帝未予允许，下诏慰留。万历十四年（1586 年）二月，朝廷再次诏升海瑞为南京都察院右都御史（正二品），尽管这些都是虚职。

年老的海瑞得到重臣黄光升谢世的噩耗后悲伤至极，毅然带病前往晋江奔丧吊唁，回到南京后便一病不起。万历十五年（1587年）十月，海瑞卒于南京都察院右都御史任上，享年74岁。海瑞的两个儿子都早早夭折了，他去世的前几天，仆人问他有什么遗言。海瑞让仆人将六钱柴火钱还给户部，说是经过自己计算后，户部多给了六钱。在他去世前，南京都察院佥都御史王用汲去照顾海瑞，只见他用的是布制成的帏帐和破烂的竹器，有些用具是贫寒的文人也不愿使用的，竟找不到什么可以殉葬的东西。如此清贫，让王用汲感动得禁不住大哭起来。最终，同僚捐钱为海瑞办理了丧事。噩耗传出，南京的百姓因此罢市，男女老少都来跪送。海瑞的灵柩用船运回家乡琼山时，穿着白衣戴着白帽的人站满了长江两岸，祭奠哭拜的人百里不绝。朝廷追赠海瑞太子少保，谥号"忠介"。

这样一位终身贫穷而为百姓追念的清官值得后人肃然起敬。①

廉政智慧

反腐败斗争关系民心，民心是最大的政治。

---

① 本章内容参考《海瑞的故事》《刚正不屈的清官：海瑞》。

廉政教育

腐败是党内各种不良因素长期积累、持续发酵的体现，反腐败就是同各种弱化党的先进性、损害党的纯洁性的病原体作斗争。这种斗争极其复杂、极其艰难，容不得丝毫退让妥协，必须始终保持正视问题的勇气和刀刃向内的坚定，坚决割除毒瘤、清除毒源、肃清流毒，以党永不变质确保红色江山永不变色。

——习近平在十九届中央政治局第四十次集体学习时的讲话（2022 年 6 月 17 日）

廉政点评

不怕丢官杀头，一心为民

海瑞的事迹流传至今，名垂青史，流芳百世，他真正做到了"粉身碎骨浑不怕，要留清白在人间"。虽然海瑞不是一个会办事的官员，但他的存在是一种象征，象征明朝吏治清廉的一面，象征黎民百姓的福音。细细品味其历史，感慨良多。出身贫寒，立志从政。他立志"读圣贤书，做天下事"，自号"刚峰"，就是说要做一个不牟取私利、不谄媚权贵、刚正不阿的好官。少年时的贫寒以及母亲的言传身教，让海瑞逐渐成长为一个能体恤民情、体察民间疾苦的人，也让他从小就树立了服务于公众而牺牲自我的志向。"丈夫所志在经国，期使四海皆衽席。"海瑞一生，志存高远，唯思报效国家。

对照当今社会，海瑞就是一个厉行节俭、走群众路线、全心全意为人民服务的为官典范，也是一个身体力行、操劳奔忙、造福百姓的实干家。海瑞那种刚正不阿、以"卑"抗尊，勇于斗争、敢说真话，不怕丢官杀头的精神，为政清廉、不徇私情、忧国忧民，为官一任，造福一方，减轻人民负担的美德，在今天看来都不过时，仍然值得党员、干部学习和发扬。"在其位，谋其政"，党员、干部选择了做人民的"公仆"，就要切实为民排忧解难，谋福造利。人民心中有杆秤，是轻是重，一称便知；人民心中有把尺，是长是短，一量便晓。党员、干部要将人民的满意度作为衡量工作是否取得实效的标准，要不断艰苦奋斗，造福于民。

九

以清正涵养
正直、正气

——于成龙：天下廉吏数第一

于成龙（1617—1684），字北溟，号于山，山西永宁州（今山西省吕梁市）人。崇祯十二年（1639年），于成龙考上副榜贡生。顺治十八年（1661年），于成龙被任命为广西罗城县知县。他在知县任上明确保甲制度，百姓安居乐业，全力耕作土地。康熙六年（1667年），于成龙升任四川合州（今重庆市合川区）知州，后迁任湖广黄冈的知州，历任武昌知府、福建按察使、布政使，直隶巡抚和两江总督，加兵部尚书、大学士等职。康熙二十年（1681年），入京觐见。康熙二十三年（1684年），朝廷命令两江总督于成龙兼任两江巡抚。不久他在任上去世，被康熙帝追赠为太子太保。

于成龙的官阶虽越升越高，但生活却更加艰苦、俭朴。为扼制统治阶级的奢侈腐化，他带头实践"为民上者，务须躬先俭仆"。任直隶巡抚时，他"屑糠杂米为粥，与同仆共吃"，在江南则是"日食粗粝一盂，粥糜一匙，侑以青菜，终年不知肉味"。江南民众因而亲切地称他为"于青菜"。总督衙门的官吏在于成龙严格的约束下，弄不到好茶叶，只能采摘衙门后面的槐树叶泡水当茶喝。于成龙天南地北地当官二十多年，只身天涯，不带家眷，和他那唯一的结发妻子阔别二十年后才得一见。他的清操苦节享誉当时朝野上下。

于成龙在二十余年的宦海生涯中，三次被举"卓异"，以卓著的政绩和廉洁刻苦的一生深得百姓爱戴，受到康熙帝赞誉，蜚声清朝官场。

据周劭《中国明清的官》一书记载，于成龙只是明末的一个贡生，并非清朝的进士，这样的人能成为封疆大吏，可以说绝无仅有。清朝中叶以前，非进士出身，绝无当大官的可能。考中了进士，还要先在翰林院从编修做起，在朝中升迁到一定官阶，然后外放，经过历练才能成为大官。稍有不慎，进士外放当了知县，想升到知州都难如登天。

心怀壮志，走出仕途第一步

于成龙远祖于伯达、于建中、于仕贤在元朝至正元年（1341 年）迁至石州（今山西省吕梁市离石区）白霜里村，于氏家族在这里度过了 150 多年的漫长岁月。于仕贤生于渊，于渊生于坦等四子。于坦，明景泰年间庚午科举人，甲戌科进士，累官至巡抚。

正德元年（1506 年），其宗族一脉于素家族，迁居到石州北 30 公里的来堡村。于素生于恩等四子，于恩生于采等四子，于采生于时煌等四子。

万历四十四年（1616 年），于时煌原配田氏生次子于成龙。不久，田氏病逝，父亲续娶李氏。于成龙和继母关系很融洽，家庭和睦。于成龙跟随父亲读书学习，小小年纪就表现出了不凡的心胸和才气。

崇祯十二年（1639 年），于成龙参加乡试，省城太原考场考官公然行贿受贿，徇私舞弊。于成龙在考卷上痛陈时弊，直抒胸臆。结果正榜无名，勉强考取了个副榜贡生。副榜贡生相当于备取生，不算中举，但可以直接参加会试。会试之后，于成龙以父亲年老为借口辞去做官的机会，回到了家乡来堡村继续埋头攻读。

顺治四年（1647 年）至顺治八年（1651 年），于成龙到太原崇善寺开办的书院学习了 4 年。但在顺治八年的乡试中，于成龙又落榜了，这年他已经 35 岁了。

顺治十一年（1654 年），于成龙兄长于化龙病故，三子于廷元出生，全家生活的担子落在他的肩上。父亲于时煌年老多病，常年喝汤药，要人侍候；继母李氏虽然健康，但已进入暮年。长子、次子上学，全家开支很大，家资因此受窘。于成龙为了养家糊口，供儿子上学，整日忙于家务，再无工夫参加科举考试了。

顺治十五年（1658 年），父亲病故，于成龙在家守孝三年。随着清政权的巩固和版图的扩大，急需大量官员前去治理，朝廷鼓励前朝官员、知识分子出来做官。自幼受到较正规的儒家教育且身为"副榜贡生"的于成龙在顺治十八年（1661 年）入国子监学习，结业后准备出仕。此时，他已是44 岁的人了。虽然人到中年，但是他不顾亲朋的阻拦，抛妻别子，怀着"此行绝不以温饱为志，誓勿昧天理良心"的壮志，带着上一朝代的学历，接受清廷的委任，到遥远的广西罗城当县令。

广西原为边荒之地，清朝统一中原后，仍有很长的一段时间未能征服边远地带。罗城是新隶于清统治下还不到两年的县城，由于局势未稳，盗匪横行，瘴疠流行，生产荒废，县内几个大姓家族相互对峙，情况十分混乱。在于成龙之前派去的两任知县竟一死一逃。于成龙到罗城时，县城遍地荒草，城内只有六户居民，茅屋数间，县衙也只是三间破茅房。他只得寄居于关帝庙内。在困境中，同来的五名仆从不久或死或逃，于成龙也得了病。但他没有退缩，而是凭着坚强的意志扶病理事，迈出仕宦生涯的第一步。

罗城百废待举，首要在于安定社会，恢复生产。于是，于成龙采取"治乱世，用重典"的方法，就是要用严厉的刑律治乱局。首先在全县城乡建立保甲制度，严惩缉获案犯，大张声势地"严禁盗贼"。境内初步安定后，他又召集乡民练兵，这些措施都是他自己想出来的，有很大的风险。他抱着为民而死甚于因瘴疬而死的决心，组织民军，准备讨伐经常扰害乡里的"柳城西乡贼"。

在强大的声势压力之下，西乡的渠魁府首请求讲和，把抢掠去的男女全部遣还。接着于成龙又在全县范围内搞联防，从此，邻近的盗贼再也不敢犯境。在消除内忧外患的同时，于成龙十分注意招募流民以恢复生产，他常常深入田间访问农事、奖勤劝懒，农闲时带领百姓修民宅、建学校、筑城墙。对迁入新居的农家，于成龙还亲自为他们题写楹联，以示关怀和鼓励。这些措施深得民心，之后他又以刚柔并用的斗争策略解决了几个大姓家族之间的矛盾，使这些一向桀骜不驯的地方豪强都能老实服从领导。经历了三年的艰苦奋斗，罗城终于摆脱混乱，得到治理，出现了百姓安居乐业的新气象。这些成就写起来很简单，而在这个过程中，于成龙付出了多少心血啊！

于成龙理政治乱的突出成就，受到了两广布政使金光祖的重视，罗城被评为全省治理的榜样。康熙三年（1664 年）春，金光祖升为本省巡抚，就地方施政纲要征询于成龙的意见。对此，于成龙曾两次条陈，他针对广西地方施政的各方面系统阐述了自己的看法，主要内容有：

（1）澄清地方吏治；

（2）平息盗贼和慎用刑罚；

（3）推行安抚与减轻赋税；

（4）改善食盐的运营，减轻灾害和清理地方派别势力，以减轻百姓负担；

（5）改善民族关系。

这些建议虽然是适应统治者的需要而提出的，但在很大程度上也符合民众的利益，表现了于成龙敢于做事和不怕风险的品格。

任同知四年，又任知府四年

康熙六年（1667年），于成龙被两广总督金光祖举荐为广西唯一"卓异"。什么叫"卓异"？用现代的话来说，就是政绩特别突出的官吏。于成龙因此升任四川合州知州。于成龙离开罗城时，因为低微的工资用来接济穷苦百姓了，竟连赴任的路费也没有！而当地百姓百般挽留，拦路大喊"您走了，我们的天就塌了"，人们不停地呼号，追送数十里。

于成龙要去的四川是一个遭战乱最久的地方，人口的锐减数量排名全国第一。于成龙赴任的合州，包括三个属县，只有丁口百余人，应收税赋仅14两，而衙门的各种供役、开销使百姓不堪负担。目睹地方凋敝，于成龙确定以招抚百姓为第一紧急要务，他首先革除旧日的弊政，严禁官吏勒索百姓，又免去规定的跟班随从，以家仆随身。

合州土地极度荒芜。流民不愿留下来种地的原因在于，官府规定土地必须由原来的种植户耕作。为此，他重新规定："谁耕种的土地，土地所有权属谁所有，以后他人无权争论。"同时，于成龙要求各县注意为新加入的百姓解决定居与垦荒中的具体困难，并亲自为他们区划田舍、登记注册，借贷耕牛和种子，向他们说清可三年后再返还。这样，新来的农民都知道土地是自己的，而不用再交地租了，远近有听说的流民都高兴地去了。用不了十天半月的工夫，合州的农户就数以千计。本来，奖励垦荒是清初的基本国策，但于成龙实行"禁止原业主认业"的政策，比清廷的相似规定提前十五年。加之他对具体问题的妥善解决，事事都安排得很仔细，不到两年，合州人口骤增，田地复耕。由于他在四川合州招民垦荒政绩显著，康熙八年（1669年），于成龙被擢升为湖广黄州府（今湖北省黄冈市）同知。

古代的同知、知府的主要任务之一还是审理各种刑事、民事案件。于成龙在黄州府任同知四年，后又升任知府四年。在此期间，他审理了许多案件，深得民心，其中有两个方面的工作值得着重介绍。

一是治盗省讼。清朝初期，盗贼抢劫是一大社会问题。在黄州府岐亭镇一带，盗贼甚至白天也劫路伤命，严重影响了地方安定和居民的正常生活。于成龙上任之初，就以郡丞身份坐镇岐亭镇重点治盗。为了摸清盗情和每一件重大盗案，他总是亲自访察。他常常微服私访，扮作田夫、旅客或乞丐，到村落、田野调查疑情，从而对当地盗情了如指掌。于成龙还特意在衣服内安置了一个布口袋，专放盗贼清单，大盗、小偷的行踪去处都在这里，只要摸一摸口袋就能抓到盗贼。

于成龙主张不随便行刑，以教化为主的原则对待盗贼，采取"宽严并治"和"以盗治盗"的方法，取得了突出效果。于成龙在词讼、断狱方面也以包公式人物著称。他铁面无私，头脑敏锐而细致，善于从一些常人忽视的细节上发现问题的症结。曾排解过许多地方上发生的重大疑案、悬案，使错案得到平反，从而被百姓呼为"于青天"，民间还流传着"鬼有冤枉也来伸"的传说。于成龙在破案、查盗等方面的许多事迹，在清人野史、笔记和民间文艺中均得到了反映，甚至达到神化的程度。如清代文学家蒲松龄在《聊斋志异》的《于中丞》一节中，就叙述了有关他的一个故事。

有一个故事说：于成龙任巡抚时，带领下属来到高邮。正好有一个有钱人要嫁女儿，嫁妆很丰盛，夜里却被小偷偷走了。当地刺史没有办法查出窃贼。于成龙命令关闭城门，只留一个门让行人进出，让士兵头目守着城门，严格检查出城物品。又向全城发布通示，城内出了盗案，让居民们回自己的家，等待第二天上门搜查，并誓言必须找到赃物。然后于成龙偷偷告诉士兵头目，如果有人出去又进来达到两次以上的就抓。午后，差吏抓了两个人，但他们并没有携带什么行李。于成龙当即指定说：这就是真正的盗贼。但二人狡辩，于成龙就命令把他们的衣服脱了搜查。果然，这两人的袍子里面穿着两件女式皮袄，都是嫁妆里的东西。这是因为害怕第二天大搜查，忙着转移安置，而东西太多了，所以穿在身上再三出城。这反映了于成龙破案的智慧。

于成龙的刑法思想在清朝很有影响。由于他在黄州府同知和知府任上做出的突出政绩，于成龙又深受湖广巡抚张朝珍的器重，于是再次被举"卓异"。于成龙因此被调主持武昌府政务，并被提升为武昌知府。

二是两次平定"东山之乱"。就在于成龙将被调离黄州的那年，"三藩之乱"爆发了。在吴三桂凌厉的攻势下，贵州、湖南守军望风而逃。同时，吴三桂派许多湖北籍部将，带着封官的委任状回籍策反，制造暴乱。康熙十三年（1674年）五月，麻城县（今湖北省麻城市）发现吴三桂发的"伪札"（委任状），知县即以"通贼"罪名大肆滥捕，搞得人人自危。接受了"副将伪札"的该县曹家河人刘君孚父子，乘机联络东山一带的山寨发动暴乱。于成龙由于在当地很有影响，被请出来收拾局面。他以"招抚"为方针，查清事件原委后，发出安民告示，为许多涉案的人解除顾虑，使绝大多数胁从百姓归家，事态很快趋于缓和。随后，他又冒着生命危险，只身进入首先发难的刘君孚山寨中，晓之以利害和政策，说服了刘中孚等 300 名猎户枪手停止暴乱。十天之内，一场动乱顺利得到平息。

不久，第二次暴乱又接踵而至。那时，潜入的奸细趁黄州府内力量空虚，联络当地豪绅纷纷起事，做好各种军事作乱的准备，所谓"高山大潮，烽火相望"，声势与范围大大超过前次。面对险恶的形势，于成龙清醒地认识到黄州府的重要性，他力排众议，制定了"决不放弃黄州、组织乡勇相机主动进剿"的策略。调集各乡乡勇数千人，在东山黄土坳一带，与数量上占优势的暴乱分子展开激战。在他的指挥下，尤其是他身先士卒，危急关头置生死于度外，官府组织的乡勇最终获得胜利，当场擒获暴乱首领何士荣。乡勇后又乘胜平定了其余叛乱。二十余天内取得平乱的全胜，受到湖广总督蔡毓荣的高度褒奖。

举优劾贪，使官吏望风改操

四年后，于成龙升擢湖广下江陆道道员，驻地湖北新州（今武汉市新洲区）。在湖北期间，尽管地位和环境都有了很大改变，但他仍保持了异于常人的艰苦生活作风。在灾荒岁月，他以糠代粮，把节余口粮和薪俸用来救济灾民。因而百姓在歌谣中唱道："要得清廉分数足，唯学于公食糠粥。"他以实际行动感动了黎民百姓，人人出工出力，富户出钱出粮。在最困难的时候，他甚至把仅剩的一匹自己骑坐的骡子也卖掉，提得十多两银子，给灾民吃了一天。康熙十七年（1678年），于成龙升福建按察使，离开湖北时，依然一个行囊，两袖清风，沿途以萝卜为干粮。

于成龙在福建上任伊始，就做了一件为民称颂的好事。当时，清廷为了对付台湾郑氏的抗清势力，实行了"海禁"政策。当地官府矫枉过正，不顾连年兵祸，民不聊生，动辄以"通海"（与郑氏抗清势力相通）罪名兴起大狱，使许多沿海渔民冤死。于成龙在审阅案卷时，发现每案被处极刑的就达数十人或上百人之多，甚至殃及妇女小儿。于是他坚决主张重审，那些怕得罪清室的人劝阻他说："皇天在上，虽然人命至关重要，但我不能完全按照你的意见去做。"但是，在于成龙的力争和主持下，先后有千余名无辜人员获释。对于释放后因贫困不能回家的，官府还发给路费。这成了当时名盛一时的"重审海通案"。

康熙十八年（1679年）夏，于成龙在按察使任上第三次被举"卓异"，后升任福建省布政使。福建巡抚吴光祚还专门上疏向朝廷举荐，称于成龙为"闽省廉能第一"。从此，于成龙得到清廷的赏识和破格录用。康熙十九年（1680年）春，康熙帝特简①于成龙为畿辅直隶巡抚；翌年春，又召见

---

① 特简，明清大臣任用方法之一，即由皇帝直接任命，又称"特旨""亲擢"。另一种大臣任用方法为"廷推"。

于成龙于紫禁城，当面褒赞他为"今时清官第一"，并"制诗一章"表赐白银、御马以"嘉其廉能"。不过两年时间，于成龙又被任命为两江总督。

作为"治官之官"，于成龙始终把整顿吏治放在工作的首位。他指出："国家之安危由于人心之得失，而人心之得失在于用人行政，识其顺逆之情。"又说："若天下只有一个人得不到他所想要的，那是我所高兴的；若天下有一个官吏不守法，就要归咎于我。这是保证最佳施政的根本。"这充分说明了他那一心为民、一心为公和严谨治官的思想。

在黄州时，他衣服内的小布袋便利了他的治盗。升巡抚后，仆人请求去掉那布袋。于成龙笑道："这布袋以前是存放盗贼的，现在用来存放奸贪不省的官吏，不能去呀！"他新任畿辅直隶巡抚后，很快就发出清查庸劣官员的檄文，责令各下属将"不肖贪酷官员""昏庸衰志等辈""速行揭报，以凭正章参处"。针对各下属贿赂公事、请客送礼之风，他拿中秋节向他行贿的官员开刀，惩一儆百。

他赴任江南，进入当地时微服简从，一路寻访于民间，发现"州县官吏的贪腐和民间的积弊哪里都有，而江南尤其严重"。对此，他不禁感叹道："啊！吏治的败坏像倒海狂澜，什么时候可以制止呢？"看他这焦急的心情！于成龙到任后很快就颁布了《兴利除弊约》，其中开列了灾耗、私派、贿赂、衙蠹、旗人放债等 15 款积弊，责令"自今伊始"，将所开"积弊尽行痛革"。与此同时，他根据自己的体会，又制定了以"勤抚恤，慎刑法，绝贿赂，杜私派，严征收，崇节俭"为内容的《新民官自省六戒》，将其作为地方官的行为准则。在方法上，他举优劾贪，宽严并济。当时的人们说，凡他所到之处，"官吏望风改操"。康熙皇帝也称他"宽严并济，人所难学"。

死于任上，廉洁奉公无余物

于成龙对廉洁有为的人才，反对论资排辈。他对朝廷死板的任官"考成"制度提出异议，认为其不利于吏治建设，造成当官的连屁股还没有坐热乎就升迁了，而工作却无心去做，其根源在于制度的设计。这样常使"远大之辞，困于百里，深为可惜！"。为此，他屡屡上疏推荐人才。如直隶通州知府于成龙（与他同名同姓，史称小于成龙）、江苏布政使丁思孔等都是较有作为的清廉官吏，由于他的举荐而受到康熙的重用。

于成龙对科举考试和教育也十分关心。在文化发达的江南地区，官僚、势豪贿通学政，科考中舞弊之风盛行，贫苦士子虽然读书读到头发白了，却往往还是落榜。针对这种状况，于成龙规定：一旦发现弊行，立刻正章入告，官则摘印，学子要被黜革，并听候按律拟罪。害人的官吏和那些奸棍，当即被杖毙。对教育的重视还表现于他在各地兴办学校上，即使是在像罗城那样条件极其艰苦的地区，他也很快办起学堂，并鼓励瑶、壮等少数民族子弟入学。他多以倡导地方绅士捐资的方式兴办"义学"。

于成龙的官阶虽越升越高，但生活却日益俭朴。于成龙处处身先垂范，吃喝不讲究，江南民众称他为"于青菜"。总督衙门的官吏也受其影响和约束，用槐树叶当茶喝。于成龙天南海北做官二十年，从不带家眷，一别就是数十年才得以一见。

据史载：当他出任两江总督的消息传出后，南京布价骤然上涨，金陵全城的人都换上布衣。即便婚嫁喜事也不敢使用音乐，士大夫减少车马随从，崇尚节俭，改掉原来的奢靡之风……奸佞之人不得不迁往他地。仅仅几个月，江南的官吏望风改操，政风大变。

康熙二十三年（1684 年），于成龙死于任上，终年六十岁。人们在他的居室中只看到"冷落菜羹……故衣破靴，外无长物"，木箱中只有一套官服，别无余物。

于成龙逝世后，南京民众男女不分少长，都痛哭罢市，拿着香和纸去吊唁的一天达数万人，可见中下层人民对他的死是十分悲痛的。民众在痛惜之余，绘制于成龙的像，供于中堂之上，定期祭祀。康熙皇帝赐他谥号"清端"，破例御笔撰写碑文，这是对他廉洁奉公一生的表彰。

于成龙擅长书法，亦工诗词。他的著述、奏稿等，先后由他的门人和孙子于准编辑成《于山奏牍》7卷、附录1卷，和《于清端公政书》8卷，刊行于世。此外，于成龙任职直隶和两江期间，曾组织编写了《畿辅通志》46卷、《江南通志》54卷，对整理和保存当地政治、经济、文化资料作出了贡献。[①]

廉政智慧

治国有常，而利民为本。

廉政教育

功成不必在我，不是消极、怠政、不作为，而是要牢固树立正确政绩观，既要做让人民群众看得见、摸得着、得实惠的实事，也要为后人做铺垫、打基础、利长远的好事，既要做显功，也要做潜功，不计较个人功名，追求人民群众的好口碑、历史沉淀之后真正的评价。

——习近平参加十三届全国人大一次会议山东代表团审议时的讲话（2017年3月8日）

---

① 本章内容参考《碑传集·卷65·于清端传》《国朝先正事略·卷7·于清端公事略》《于清端政书》《清史稿·卷277·于成龙传》。

廉政点评

一身正气把好廉政的"方向盘"

在贪官遍地的封建社会，清官并不好当。于成龙在康熙二十年（1681年）担任了两江总督后，"兴利除害，察吏安民"，引起了众多官吏的不满。他们污蔑中伤于成龙，以致康熙帝也一度动摇了对于成龙的看法，认为他"居官不如从前，殊觉改操矣"。

当时清朝的地方官府在收取赋税的过程中，都有一些歪风陋习，例如"火耗"。虽然"火耗"是朝廷允许的，但于成龙却不愿意这样做。慢慢地，康熙皇帝也被于成龙的忠君爱民、廉洁奉公深深折服，但两人更多的只是公务上的交流，私人交往并不多。由于于成龙为官清廉，也没有给皇帝送过什么礼物，可谓君臣之交淡如水。

后来，康熙帝终于察觉了实情：于成龙把一生都献给了百姓。康熙二十三年（1684年），于成龙逝世后，两江境内街行、百姓们自发地哀悼他的离世。康熙皇帝更是亲自改定于成龙的碑文、祭文，并亲自手书碑文。于成龙逝世半年多后，康熙南巡回京的第二天当众纠正了对于成龙不正确的看法："朕亲历江南采访，已故督臣于成龙居官廉洁、克己奉公，自闾巷细民及各省之人，无不望风推服。此等清操，自古以来实罕其比，当为廉官第一。"雍正十年（1732年），于成龙入祀贤良祠。试问，自古以来有几个清官享受过如此殊荣和待遇？他的一生是伟大的，为天下苍生作出了巨大贡献。他的精神会世世代代传承下去，为世人树立起一个坚实的榜样。他是百官之楷模，更是千古第一廉吏，不应当被人们遗忘。

于成龙的廉政大智慧是"治国有常，而利民为本"。新时代的党员、干部，要落实以人民为中心的发展思想，不能只停留在口头上，而应突出问题导向、回应民生关切，想群众之所想、急群众之所急、解群众之所困，多做暖人心、得人心的实事。唯有如此，百姓才会把党员、干部当作知心人、贴心人、暖心人。党员、干部要勤政为民、清廉节俭，两袖清风、一心干事。勤政就是要有高度的事业心、责任感，想干事、多干事，不畏难、勇向前，勤勤恳恳、兢兢业业地为人民做事，不当"懒官"。为官不为是勤政的大敌。"当官不为民作主，不如回家卖红薯。"政者，正也。"廉洁从政是对领导干部最起码、最基本的要求。老实为人、扎实做事、清白为官，既是人民的期盼，也是新时代党员、干部面临的一项重大考验。党员、干部务必把好廉政的"方向盘"，一身正气、一尘不染，始终做到不正之风不沾、不义之财不取、不法之事不干，每日三省吾身，放电影、过筛子、找不足，以常若有过、旁若有人的姿态，适应作风建设的新常态，把干净做人、干净干事内化于心，外化于行，固化为制度。

十

为政：民有所呼、我有所应

——汤斌：仁厚爱民廉正官

汤斌（1627—1687），字孔伯，别号荆岘，晚年又号潜庵，祖籍保南睢州（今河南省睢县）。主要政绩在康熙朝，官至内阁学士、江宁巡抚、礼部尚书等。生于明末清初，曾官至二品，礼甲天下，道德清纯，自奉克苦，当时人们戏称其为"清汤豆腐"。

汤斌才兼三长，在史论方面尤其卓著；他一生曾三次进入编史局修撰《明史》，两次总裁修史，亲手写下数十万字的明史史稿。《明史》是史学界公认修撰得比较好的一部史书，如赵翼、潘永季等后世史学家都赞誉不绝，其中自然有汤斌的不少功劳和心血。他一生刚正不阿，仁厚爱民，政绩斐然，却遭到权奸的陷害，以致抑郁而死。

直到45年后，即雍正十年（1732年），方才得以昭雪，雍正皇帝下诏以汤斌入祀贤良祠。乾隆元年（1736年）追封"文正"的谥号。道光三年（1823年），又从祀孔子文庙，这在封建社会可谓是最高的奖励了。汤斌的人格、政风、学养垂范后世，为汤氏家训代代相传。

他为官一生，除著书立说、发展理学学说外，几乎所有精力都集中在河务和漕运的治理上，并注意为百姓减轻负担、赈灾救济、兴利除害，从而始终躬身实践儒家的"修身，齐家，治国，平天下"的"民本"思想，为变"满目榛荒，人丁稀少"为"盛世滋生人丁，永不加赋"作出了一定贡献。汤斌为官清廉，至死仅遗俸银八两，连买棺材的钱都不够，真正可谓一代清官。

汤斌祖籍安徽滁州，明正统年间迁到河南睢州。睢阳古称"汤（唐）邑"，是汤氏的发源地之一。其历史可追溯到春秋时期，宋桓公将他的第三子子荡封于汤邑，即睢阳。经历了历代的兴衰与变迁，到了元代，睢县汤氏家族便逐渐衰落。

元末，汤宽从祖先迁居地安徽滁州揭竿而起，最后归于朱元璋的义军，立功受封。他的儿子们剿寇有功，封河南归德府睢阳卫前所千户，因而汤氏再次定居睢阳。此后，汤氏族下多出武将。明清以来，睢县汤氏文武并举，簪笏满朝，位居睢阳汤、王、袁、蒋四大姓门阀之首。

出身名门，生逢乱世

汤斌的父亲汤祖契，字孝先，号命式。汤父从小是个神童，对《诗经》的造诣甚高，中过秀才，为人慷慨热情而有侠气，明朝天启六年（1626年）得子汤斌。汤斌生于明末乱世，幼年承家父严教，苦读名儒圣卷，取群儒之所长，集大成于一身，终成前清盛世一代博学鸿儒。

汤斌出生时正逢乱世，家产为豪绅所夺，家道中落，全家生计靠母亲赵氏纺织维持。但无论生活多么艰苦，父母也不忍废弃礼教，因而汤斌自幼从父读书，习科举之业。汤斌深知自己能够读书，来之不易，因而他对每章书必熟读后才肯去休息。他刻苦读书、知识丰富，为他日后进军科举之业打下了良好的基础。

崇祯十四年（1641年），汤斌应童子试，十五岁前读完《左传》《战国策》《公羊》《史记》《汉书》等。崇祯十五年（1642年），李自成突然围攻睢州，守城官军关门防御，竟将跟随伯父读书的汤斌阻于城外。父亲汤祖契登上城墙，对他们伯侄二人喊道："我们两房只有汤斌一个儿子，进城来肯定是活不了，在外或者能活。"这样，汤斌便跟随伯父逃到山东的曹南躲避战祸。

起义军攻城之时，汤祖契携家人躲在草荡之间，留下夫人赵氏守护老宅；起义军攻破睢州城池，赵氏不肯屈从，上吊自尽以殉节，幸被家人救治而未能死；赵氏又投井殉节，又被家人救起而未能死。此时，赵氏怒斥道："贼兵来了我不死，既不守节，也不守义！"起义军见赵氏冥顽不化，一刀把她杀了。

战争平息之后，汤斌听到母亲去世的消息，立即回家奔丧；而后，汤斌又随父亲奔波六千多里，历尽了艰辛，终于将伯父遗失的女儿从浙江衢州找回来；接着又随父亲到山东曹南赎回了叔父的儿子，全家人终于得以团聚。通过此次兵灾，在战乱环境下成长起来的汤斌，立下为国为民的心愿。汤斌深感百姓因战争蹂躏所受的颠沛流离之苦，立志长大后做个能使百姓安居乐业的好官。

经历了闯王攻陷北京、清军入关攻占北京及大清建元后，清政府为了笼络民心，厚葬明思宗于思陵，明朝遗老纷纷归顺于清廷。清顺治二年（1645 年），汤祖契闻北方已经安定，于是携子汤斌返归故里。对于赵氏以节殉国之举，清廷大加褒奖，在她家的门口插上旌表，给予表彰，还将她的事迹编入《明史·列女传》，彰显于世。

恢复科举考试后，汤斌于顺治四年（1647 年）补学官弟子，次年乡试得中举人。顺治九年（1652 年）入京参加礼部会试，中进士及第，选庶吉士，充国史院检讨。自此，汤斌步入仕途，开始了他那廉洁为官的人生之旅。

甘当清廉爱民智慧官

汤斌为官正直清廉，从不以公事夹带私情，他所奏的事都是以天下社稷为重，因而受到顺治皇帝的青睐。入仕当年，汤斌出任陕西潼关道副使。潼关地处陕西、河南的交界处，自古以来就是交通要道。当时清廷正在调集军队进剿偏居南方的南明王朝，潼关是必经的通道。军队所过之处，征粮、征劳力甚至抢掠，百姓苦不堪言。

汤斌到任后，一面安抚流亡百姓，一面派人在潼关外设立接待站，供应军需，并严格禁止军队在关内滞留，以免加重百姓苦难。一次，陕西总兵陈德之带领两万士兵开往湖南，到了潼关之后，他以母亲病了为借口，扎营不走了。汤斌急了，两万人的供应可是个大问题啊。多停留一天就要给百姓增加一天的痛苦。汤斌向陈德之陈述困难，要求军队早点开走。陈德之说他的军队都是步兵，徒步行军将削弱战斗力，要求汤斌征集五千辆车子给士兵乘坐。当陈德之听说潼关附近只能征集两千辆车子时，狡黠地说："两千辆也可以，只是不足的三千辆由汤大人出钱，一辆车十两银子。"

汤斌明白陈德之的盘算后大为愤怒：这不是勒索吗？但人家兵权在手，也真拿他没办法。汤斌于是想出一条计策来。他马上下令征集两千辆车子，然后又去见陈德之说："车子已准备就绪，不够的兵车我愿意按您说的办，一辆车子折银十两。但我自己不知道还差多少辆车，这样吧，您将军队调到关外，依次上车，看还剩多少士兵，还需多少辆车，再付银两，如何？"陈德之听了大喜，下令将军队调出关门之外。汤斌于是置办酒席，并请来一个戏班，让陈德之边饮酒边看戏。随后，汤斌找了个借口来到关外，要那些士兵十人一车，十车一组，坐满就出发。士兵们不知内情，依次登车。不到两个时辰，两万士兵走得干干净净。汤斌随后下令鸣炮为总兵大人送行。陈德之惊怒交加，但因有言在先，不便发作，只好狼狈地离开了潼关。潼关百姓对汤斌感激不尽。

汤斌出任江宁巡抚期间，凡鱼肉荤腥一概不入衙署，每日以豆腐清汤为肴，人称他为"豆腐汤"①。他兴礼作教，抚民化俗。当时传播得很广的"五通神"迷信，害人匪浅。经过汤斌的宣传教化后，"五神通"被扫荡得干干净净。

康熙二十三年（1684年），汤斌升任内阁学士兼礼部侍郎。这一年，江苏巡抚的人选出缺，康熙皇帝因汤斌有操守，派他就任。上任途中出了一段笑话：作为顺治进士，先后任过江苏巡抚与礼部尚书的汤斌，从组织部门领取了江苏巡抚的任命书，穿着布衣，带着一个苍头，赶着一辆牛车，一官一秘就走马上任了。

路上碰到一个知县，这知县衣冠华丽，骑从纷纭，前有举"肃静""回避"大牌的军士，后面大批仆从相随，威风凛凛。知县的家奴见汤斌的牛车在前，怒斥汤斌主仆避让，

---

① "豆腐汤"这个外号包含了百姓对汤斌的爱戴。

汤斌不与其计较。以从一品巡抚的牛车避让正七品知县的马车，成为古今罕见的笑话。

在两车并行时，汤斌的牛车不慎和知县的车子擦了一下，惹得那知县顿时火起，出口大骂："你这老头儿，瞎眼了吗？"汤斌却不回答，连忙回避。不想到了旅馆，知县把整个旅馆都给包了，一间正房也没剩。那会儿，餐饮业不很发达，一个地方多半只有一座像样的客栈，知县睡"总统套房"，难道汤巡抚露宿野外不成？随班的老苍头想跟知县去"挑明身份"，可汤斌摆摆手说"罢了罢了"，只是叫老板给他一间偏房，睡一夜就走。可见汤斌做人的低调与清廉。后来知县听说那挨他骂的老头儿就是新任的封疆大吏时，惭愧万分，无地自容。康熙皇帝听说了这件事，赞扬不绝，御赐汤斌宝马一匹作为奖励。

忠直敢言，不附权贵

此后，汤斌历任江西岭北道参政、内阁学士、礼部侍郎、江苏巡抚、礼部尚书、工部尚书等职，始终生活清苦、勤政为民。在朝廷上，汤斌忠直敢言，不附权贵，勇于针砭时弊、抨击朋党。他写了一副自勉联："君恩高似天，臣心直如矢。"敢言直谏的作风，使汤斌在官场上树敌不少，其中就包括当时权倾朝野的宰相明珠。汤斌任江苏巡抚时，明珠的党羽曾向其索贿，汤斌严词拒绝，这令明珠耿耿于怀。

汤斌曾先后在陕西、江西、江苏、北京四地做过官，从政十二年。汤斌总结自己做官的体会说："公则明，廉则威。"汤斌担任江苏巡抚的前一年，江南扬州一带闹水灾，前任江苏巡抚余国柱曾上奏朝廷说："水退，田可耕，明年当征赋。"但汤斌到任考察后，看到好多田地还被水淹着，有些田地里的水虽然退下去了，却没来得及耕种，显然第二年无法上缴赋税。汤斌给朝廷上了一封奏折，皇帝准奏，免除了江南扬州一带百姓第二年的赋税。

天不作美，第二年扬州一带又遭大旱，数十万百姓流离失所。汤斌下令各县打开官仓赈灾，又发动全省文武百官踊跃捐款，但也只是杯水车薪。于是，汤斌下令江苏布政使从国库调拨白银五万两，派人到盛产稻米的湖广一带采购大米。当时，一些官员劝汤斌说："国库的银两可不能私自动用，要动用的话，应该先给皇上上书。如果私自动用，皇上怪罪下来，你承担得了吗？"

汤斌说："如果我们现在上奏，等皇上批下来，灾民早就饿死了。现在先用着，我们的皇上非常仁慈，他不会怪罪我们。他要怪罪下来，罪过由我一人承担，就是免去我的官职，但能救整个扬州的灾民也值了。"汤斌知道，这五万两银子还不能从根本上解决问题，于是命前去买米的官员，沿途不断散布消息，说扬州一带的米价已涨到一两银子一斗。

结果，各地的粮商见有利可图，纷纷把大米运到扬州，最后米多了，米价也就降了下来。汤斌动用智慧，最后使一斗米的价格降到了一百个铜钱。就这样，由旱灾引起的饥荒很快得到了缓解。

汤斌任江苏巡抚不久，苏北闹水灾，成千上万的灾民涌进苏州城，秩序混乱。这时，传来康熙皇帝南巡快到苏州的递报。两江总督等官员见苏州城里灾民沿街搭设简陋房屋，致使道路不畅，便下令拆除这些简易民居，以拓宽皇帝车驾通过的御道。汤斌知道后，立即予以劝阻。经他制止，街道仍和往常一样，行人熙熙攘攘，拥挤不堪。康熙皇帝的车驾来到苏州，进入城区后，发现街道狭窄，交通堵塞，就叫来汤斌问话。汤斌向康熙皇帝面奏说："天子是最关怀、体贴民间疾苦的，所以才要南巡。如果仅为了一时通行而扩充街道，令民众没有住处，这可不是当今皇上的本意啊！我领会皇上爱民之心、恤民之情，所以没有拆民居。"汤斌说得头头是道，康熙皇帝听了大喜。汤斌为保护民众利益，坚持不拆民居，更受到了老百姓的爱戴，老百姓都称他为"汤青天"。

汤斌担任江苏巡抚两年后升任礼部尚书，还被选为太子的首席讲师。苏州民众不舍得他离去，哭着挽留的人挤满府衙，堵满苏州城门，但因圣旨已下，人们知道是留不住了。离任之时，绅士民众竟罢市三日，十余万人焚香为他送行。

其情其景，感人至深。江苏绅民将汤斌比作西周的名臣周公、召公在世，集资在苏州为汤斌建了一座生祠，户户悬挂汤斌肖像，以示永世不忘其恩德。

勤勉理政，为民造福

让故事回到顺治十二年（1655 年）二月，顺治皇帝下诏求言议修《明史》。汤斌应诏陈言，他建议，广搜先代遗书及明末死难诸臣事迹以修《明史》。这一动议，引发了强烈的反响。内院大学士冯铨、金之俊等听了很不高兴，攻击汤斌"夸奖抗逆之人，拟旨严饬"。但顺治皇帝明白汤斌意在表彰忠义，"昭示纲常于万世"。因此，顺治皇帝特地在半夜时分召汤斌到南苑，与他和气地长谈，认为他是可堪大用的人才。

第二年二月，顺治皇帝推行吏治改革。他认为：京官更熟悉法度，外官则更多了解民情，把他们二者结合起来，才能出真才。于是亲自裁定汤斌等十八名"品行清端，才猷瞻裕"的官员官升一级，分配到外地工作，汤斌被补授陕西潼关道副使。

潼关位于晋陕交界处，历来为兵家必争之地，号称"三秦门户"。明末清初，因陕西战事不断，人口流失严重，整个潼关不满三百户。汤斌至潼关上任后，他以"求通民情，愿闻己过"为座右铭，理政时总是反复度量法理，力求公正，并做到"案无留牍、日无积事"。虽然这样，父亲汤祖契还是对他不放心，为此亲自赶到潼关，教导汤斌说："你能宽厚一分，百姓就受到一分的好处。"汤斌遵从父命，仁政爱民，深得百姓爱戴。

在汤斌的善政招引下，流民纷纷来归，屯田开荒，使昔日的荒田成为粮仓，百姓从而得以安居乐业。汤斌仅用三年时间，就使潼关成为户口数千、市场繁荣的西北重镇。汤斌为教民以德，在潼关创办社学；为保民生以防天灾，又在潼关兴建义仓；为保护居民免遭盗匪骚扰，在地方推行保甲联防制，使潼关成为"天下第一堡垒户"。

清顺治十六年（1659 年），朝廷了解到汤斌的政绩辉煌，升任他为江西岭北道正四品参政，下辖赣州、吉安两府。因受南明小朝廷的影响，赣州、吉安反清势力非常强大，而且盗匪横行，百姓不堪骚扰；而地方官吏如狼似虎，贪腐成性，岭北地区民不聊生。汤斌上任后，首先整顿吏治，惩办贪官决不手软，使政治逐渐清明；而后奖励耕织，免征课税，使百姓得以安居乐业；接着推行剿抚并举政策，亲自督军擒获南明大将李玉廷，扫平地方盗匪，使地区得以大治。

这一年，汤斌为保存地方文献，主持刻印了明朝天启年间由谢诏纂修的《赣州府志》20 卷。汤斌文武并举，业绩突出。上头正待重用，汤斌突然听到父亲病危的消息，上表请假侍奉父亲，以尽孝子之责。但当时的官员回家总是带着大批随从，路费开销很多，凭汤斌的清廉，加之又坚决拒绝士绅馈赠，他哪能有这么多钱，只好卖掉自己的马作为路费，孤身回家。听到这一消息的人无不为之动容。

康熙三年（1664 年）四月初五，父亲汤祖契病逝，汤斌居家守孝三年。服丧期满后，汤斌到河南辉县苏门山向理学宗师孙逢奇求教，与顾炎武、黄宗羲一同研讨性理，学问日有所长。

清康熙十七年（1678 年）正月，清廷诏举博学鸿儒科，这是一种高级别的考试。左都御史魏象枢以"学有渊源，躬行实践"，副都御史金铉以"文辞渊雅，品行端醇"为由，联名推荐汤斌。汤斌应召进京赴试，他不负众望，一举夺得了博学鸿词科的第一名，获授从四品翰林院侍讲学士。

汤斌入京之后，于北河沿的中州乡祠招提寺内设帐讲学。四方的理学学者得到这一消息，都来听课，以至"座无虚席，如沐春风"。汤斌以理学闻名于京师，成为"淹贯古今，精通百家，为理学集大成"之人，被推举为洛州学派的旗手，因而后世称他为"汤洛州"。

清康熙二十年（1681 年），汤斌在讲学之余开始兼修《明史》。此外，他还赴浙江当乡试主考官，他所选拔的都是博学有为之士。乡试结束，汤斌回京充任翰林院侍读学士。康熙二十一年（1682 年），汤斌就任《明史》总裁官，负责领导明史的修编。汤斌颇有司马迁风范，著述考据严谨，字字珠玑。他亲撰的《明史》史稿多达数十万字，其中有历志12卷、列传35卷，凝聚了他的全部智慧和血汗。《明史》被称为"中华史学精华"。

康熙二十三年（1684年），汤斌以左庶子升任从二品内阁学士兼礼部侍郎。汤斌为官廉洁奉公、衣着朴素，每天布衣上殿，却身处华服之中，好像鹤立鸡群，因而备受康熙皇帝的器重。此时江宁巡抚缺空，康熙皇帝钦点汤斌以从一品右副都御史巡抚江苏。江苏所辖的七府一州五十二县，因其地处长江、淮河下游，黄海之滨，水患频繁。汤斌下车伊始正遇灾年，百姓陷于水深火热之中，哀鸿遍野，惨不忍睹。汤斌到任后，立即放赈救灾，与百姓同甘共苦，全家常以府衙后院的野菜充饥，每餐都是清汤豆腐，因而百姓尊称他是"豆腐汤巡抚"或戏称其为"豆腐汤"。汤斌的长子汤溥由睢县老家前来探望父亲，见其父亲清苦到这般情景，于是上街买来一只鸡为父亲调补。汤斌非但没有对儿子的孝顺加以赞扬，反而怒罚儿子长跪谢罪，用行动教诲他应怎样体谅万民疾苦，事后将儿子赶回老家。

那年冬天，康熙皇帝南巡，汤斌前往迎驾。皇帝见汤斌身无冬装御寒，并以草根当作茶叶饮用，既可怜他又敬重他，钦赐一件用狐狸的腋窝皮制成的蟒袍，以示奖励和宠爱。

汤斌为解除江苏水患，大修水利；为保护土壤，广为植树；为维护山林安全，防止火患，下令革除火葬；为鼓励农事，减免赋税；为破除迷信，下令焚毁淫词小说；为改变民间的陋习，大兴书院；为严肃吏治，惩办贪官。经汤斌一系列的改革，江苏风化大改，百姓都心悦诚服，市井有序，百业振兴，使江苏成为名副其实的富庶之省。

汤斌为激励后辈学生，主持修建了吴太伯、范仲淹、周顺昌三人的纪念祠堂；为保护古典文集，主持刻印了明代周顺昌纂修的《烬余集》① 三册。此时，国戚明珠拜相当权，滥施淫威，朝中文武皆趋炎附势，马首是瞻，唯独汤斌不肯屈从。明珠派人强向汤斌索贿40万两银子，汤斌直言拒绝："老百姓的钱要用在正道上，能用它来向权贵献媚吗？"汤斌这一义举，遭到明珠等人的嫉恨，他们欲将其除之而后快。

坠入陷阱，含恨而死

康熙帝打算为太子胤礽选择讲师。皇太子胤礽因自幼受到太多的宠爱，生性残忍、感情淡薄，因而养成了骄纵和暴

---

① 《烬余集》是周顺昌在被捕押解入京前写给朋友文湛持的告别信。尽管他预感到前途凶多吉少，但他仍以坦然的心态对待自己所遭受的迫害，并表示准备慷慨赴死。全信虽无激烈措辞，但于平静之中却透露出作者临危不惧、坚持气节的品质和决心。

戾的性格，常常做出越轨行为，对臣民百姓稍有不满便任意殴打。他的侍从更是仗势欺人，肆意敲诈勒索，因而激起朝廷上下公愤。权相明珠想借太子之手除去清正廉明的汤斌，因而上奏建议由汤斌出任太子的老师，暗中设下陷阱。康熙二十五年（1686 年），康熙皇帝接受了明珠的建议，以汤斌"素行谨慎，洁以率属，实心任事，以风有位"等优秀品行，授汤斌为从一品礼部尚书兼管詹事府，并为皇太子胤礽首席讲官。汤斌虽有修养、学富五车，但太子胤礽我行我素，根本不听他的教诲。明珠见机又设下另一个陷阱，命令他的党徒周柱诬告汤斌对太子教育无方之罪。康熙皇帝因宠信明珠，受他蒙蔽，下旨罢去汤斌的旗人户籍，降五级留任。

汤斌心中十分委屈，以继母有病为由，乞求回家奉养老母。康熙皇帝特下诏说："我不忍让你离开，我将在京城给你安排房子，你把母亲接来供养吧。"汤斌则以继母年老病重万不能来，继续乞求暂时回家省亲，但康熙皇帝仍不允许。此时，京城官民相传汤斌的遭遇，听说的都哭了；客居北京的江南人，竟联络了数百人，一起击鼓为汤斌鸣冤。康熙皇帝见汤斌这么得民心，为了避免事态扩大，第一次被迫改诏，赦汤斌无罪，升为工部尚书。但绅民们为了保护汤斌而聚众抗旨，这触犯了皇家大忌。因此，康熙皇帝虽然被迫改诏，但心中很不愉快，自此以后对汤斌的芥蒂日渐加深。

康熙二十六年（1687 年）九月，汤斌因得不到康熙皇帝的信任，心中抑郁而得病，康熙皇帝诏令御医为他诊治。十月，汤斌扶病到通州勘察贡木，十一日死于回来的路上，享年61岁。

当汤斌去世的噩耗传来，凡听说的京城士绅、父老、妇孺，无不悲痛，哭着到城郊迎接的有万余人。当衣衫褴褛的工部尚书汤斌被抬回京邸时，他家里只有八两俸银，连安葬的钱也没有。所幸有好友徐乾学尚书资助二十两银子，终于办完丧事。

汤斌竟清贫到这种程度，实在是廉洁的楷模。汤斌去世的噩耗传至苏州，全城的绅民都走出家门，一齐涌到汤斌生祠祭拜，城巷因而堵塞了好几天，哀号之声鬼神皆惊。虽然康熙皇帝对汤斌误解很深，但仍然派两名学士去祭奠，诏命将汤斌灵柩送回老家，以尚书的规格祭葬；并同意地方的请求，准将汤斌入陕西、江西、江南的名宦祠。但因权奸当道，朝廷仍不准表彰和宣传汤斌的事迹。而康熙皇帝也耿耿于怀地对朝臣说："我特别厚对汤斌，他总是怨恨我，这是为什么？"

45年后终被沉冤昭雪

历史是一面镜子，历史证明汤斌无罪。雍正十年（1732年），雍正皇帝下诏为汤斌平反昭雪；第二年，又下旨将汤斌入祀贤良祠。乾隆元年（1736 年），乾隆皇帝登基的第一件事，就是下诏追赠汤斌为"太仆"，谥号"文正"。道光三年（1823 年），道光皇帝赐汤斌从祀孔庙，因而汤氏楹联有"文庙从祀"的词句。世人称颂汤斌是"天下文官祖，三代帝王师"。

史册还记载：从祀文庙的数十位历代先贤、先哲，天下唯称汤斌、陆陇其为最。因此，康熙年间有"汤陆"之美誉，而汤斌之名又在陆陇其之上，后学林则徐、胡林翼、曾国藩、左宗棠等都是以汤斌为楷模，推崇备至。河南睢县绅民为纪念这位乡贤，在睢县城内兴建一座"汤文正公贤良祠"，家乡政府将汤斌移葬于宁陵县棘古城，墓前有石像、石刻，墓高、宽各有 78 厘米，厚 14.5 厘米，墓志铭由田兰芳撰文，吴学颢篆刻。

汤斌一生著作很多，有《潜庵语录》、《潜庵先生遗稿》五卷、《汤潜庵先生集》二卷、《潜庵文钞》、《孙夏峰先生年谱》、《征君孙先生年谱》、《因学录》、《春秋增注》、《汤文正公遗书》、《汤文正公家书》、《洛学篇》五卷、《汤子遗书》十卷、《汤子遗书附录》、《明史稿》二十卷、《拟明史稿列传》六十四卷、《明史稿续》二卷、《睢州志》、《续史管见》、《乾清门奏对记》、《常语笔存》等著作传世，丰富了我国文史宝库。

汤斌有四个儿子，汤溥、汤睿（浚）、汤沆、汤准，都有经天纬地之才，然因其家贫如洗，汤斌无资供他们兄弟外出求学。因而汤溥、汤睿（浚）、汤沆三兄弟只好在家从父学习儒家经典，协助父亲编修《明史》。唯独四子汤准，因汤斌不肯埋没其才，节衣缩食供其上了几年学，汤准果然不负父亲所望，成为一位伟大的诗人，他的诗词《桃花源》得到了后世的赞扬，并有哲学家、史学家、文学家、政治家、思想家等美誉。汤斌为官清廉，堪称"古今第一廉政者"。①

廉政智慧

一切为民者，则民向往之。

廉政教育

现在社会十分复杂，利益关系盘根错节，诱惑考验形形色色，干部要守住守牢拒腐防变防线，不是设一道、两道关口就够了，而是要层层设防、处处设防。

——习近平在 2022 年春季学期中央党校（国家行政学院）中青年干部培训班开班式上的讲话（2022年 3 月 1 日）

---

① 本章内容参考《清史稿》《所闻录》《"三汤"巡抚——汤斌》。

廉政点评

"廉政如汤"，老百姓如此夸奖

清廉、勤俭是做人的高贵品德，更是为官者所必需。官员管理的是国家大事、公众之事，必须时时处处以人民利益为重，时时处处以身作则。这样才能得到人民群众的拥戴，成为人民心目中的清官、好官，成为青史留名的人。汤斌是清顺治、康熙年间的一位官员，他一生为官清廉，勤政爱民，不管在哪里从政，都能做到公私分明，体恤民情，清正廉洁，被老百姓誉为"汤青天"。他的官越做越大，威信也越来越高，过世多年以后，老百姓还记得他、怀念他，他是封建官僚中少见的清官、好官。

古人云"一切为民者，则民向往之"，党员、干部也要"廉政如汤"，永葆为民情怀，真情实意为民考虑、为民办事。面临风险时，要挡在前；面临困境时，要干在前；面临挑战时，要冲在前。要坚持走群众路线，切实为民服务。党员、干部要常怀爱民之心，真情实意为民着想，不管身处怎样的位置都要急百姓所急，乐百姓所乐，要与人民保持"鱼水"之情，与人民心心相印，与人民同甘共苦。党员、干部对人民要常怀感恩之心，做到耐心与人民沟通，细心为人民办事，忠心为人民服务，唯有真正做到顺应民意，才能够收获民心。

党员、干部身处岗位，当履职尽责。为百姓创造幸福不该只是喊喊口号，纸上谈兵，不能只是搞形式主义，做表面功夫。党员、干部要用实际行动主动作为，要深入一线、走进基层，要倾听人民的呼声，解决人民的矛盾，维护人民的利益，多办利民之事，争做人民满意的"勤务员"。